宁波市"一带一路"职业教育研究基地成果

丛书编委会

主　编：毛大龙

副主编：张慧波　任君庆

编　委：

毛大龙　张慧波　任君庆

岑　咏　陈　健　刘育锋

王　琪

"一带一路"

职业教育研究
蓝皮书

"The Belt and Road"
Blue Book on TVET Research
· South Asia

任君庆　王琪 ◎ 编著

· 南亚卷

厦门大学出版社　国家一级出版社
XIAMEN UNIVERSITY PRESS　全国百佳图书出版单位

图书在版编目（CIP）数据

"一带一路"职业教育研究蓝皮书.南亚卷／毛大龙主编；任君庆，王琪编著. -- 厦门：厦门大学出版社，2018.11(2023.12 重印)
ISBN 978-7-5615-7219-1

Ⅰ.①一… Ⅱ.①毛… ②任… ③王… Ⅲ.①职业教育-研究报告-南亚 Ⅳ.①G719.1

中国版本图书馆CIP数据核字(2018)第268573号

责任编辑	牛跃天
封面设计	张雨秋
技术编辑	许克华

出版发行 厦门大学出版社

社　　址	厦门市软件园二期望海路 39 号
邮政编码	361008
总　　机	0592-2181111　0592-2181406(传真)
营销中心	0592-2184458　0592-2181365
网　　址	http://www.xmupress.com
邮　　箱	xmup@xmupress.com
印　　刷	厦门集大印刷有限公司

开本	720 mm×1 000 mm　1/16
印张	9.5
插页	2
字数	180 千字
版次	2018 年 11 月第 1 版
印次	2023 年 12 月第 3 次印刷
定价	45.00 元

厦门大学出版社
微信二维码

厦门大学出版社
微博二维码

序

　　"一带一路"倡议作为我国主动参与全球开放合作、促进世界各国共同发展繁荣、推动构建人类命运共同体的重大举措，已然成为当前国际社会最受欢迎的全球性倡议。该倡议的愿景规划涵盖了亚太、欧洲、中东和非洲等60多个国家和地区。其中，南亚国家与中国山水相依，地域辽阔，资源丰富，在"一带一路"顶层框架中雄踞枢纽地位。

　　教育部《推进"一带一路"教育行动》指出："教育为国家富强、民族繁荣、人民幸福之本，在共建'一带一路'中具有基础性和先导性作用。……推进'一带一路'教育共同繁荣，既是加强与沿线各国教育互利合作的需要，也是推进中国职业教育改革发展的需要。"在各种教育类型中，职业教育在推进民心相通、提供人才支撑和实现共同发展方面的作用尤为突出。截至2017年10月，中国与南亚国家间累计签署合作协议涉及金额1926亿美元，对南亚实际投资存量达108.17亿美元，仅2017年前10个月内，双方进出口贸易额就高达1028.3亿美元，同比增长43.9％，合作项目覆盖贸易、投资、基础设施、服务等诸多领域。随着"一带一路"倡议的深入推进，中国与南亚各国经贸往来的规模还将进一步加大，越来越多的中资企业将赴南亚各国投资。可以预见，这些"走出去"的企业对既具备一定专业技能又认同中国企业文化和管理的技术技能人才的需求将越来越大。伴随企业走出去，与当地职业院校合作，共同培养人才，将是我国职

业院校走进南亚国家的有效途径,也是未来我国高职教育国际化发展的必然趋势。

相互了解和认同是有效合作的基础,深入研究将有效增进了解和认同。一直以来,国内相关研究对英国、美国、德国、澳大利亚等发达国家职业教育的关注较多,对广大发展中国家职业教育的关注较少,以致当我们要与发展中国家合作时才发现,彼此之间的相互了解甚少,这也在一定程度上影响了我国与发展中国家职业教育合作的深入开展。随着"一带一路"倡议的深入推进,系统研究发展中国家职业教育体系的现状、问题和合作需求,为职业教育的国际合作提供认识基础,便显得尤为重要。《"一带一路"职业教育研究蓝皮书·南亚卷》是我国第一本关于"一带一路"沿线国家职业教育发展的蓝皮书。它选取印度、尼泊尔、孟加拉国和斯里兰卡四个"一带一路"沿线典型的南亚国家作为研究对象,对这四个国家职业教育的发展历史、现状、特征、困境、趋势和前景等进行了细致梳理和深入剖析,尤其是系统地介绍了四国的职业教育体系,内容翔实,分析到位,向读者清晰展示了南亚四国职业教育的发展图景。这些研究看似简单,但对于我们全面认识相关国家的职业教育体系具有基础性作用。此外,蓝皮书还总结了"一带一路"沿线南亚国家职业教育系统的共性问题,并提出了中国与南亚国家职业教育合作的建议,这是对教育部《推进"一带一路"教育行动》的落实和践行,其出版意义重大。

难能可贵的是,发展中国家职业教育研究院的研究人员在查阅大量文献资料的基础上,多次赴孟加拉国、斯里兰卡等国进行实地调研,对这些国家的政府部门管理人员、职业教育机构师生、企业员工等群体进行访谈,获取第一手研究资料,保证了研究结论的真实性和科学性。这种不畏困难、求真求实的研究精神值得肯定。

　　需要提醒的是,本书虽然系统介绍了南亚四国职业教育发展的现状和问题,但对我国与各国职业教育合作策略的探讨较为薄弱,期待后续的研究能够弥补这一不足。

　　是为序。

2018 年 10 月

　　(作者为浙江大学原党委副书记,国家发改委—浙江大学中国西部发展研究院院长、教授、博士生导师)

目录

引 ● 言

　　"一带一路"倡议作为我国主动参与全球开放合作、促进世界各国共同发展繁荣、推动构建人类命运共同体的重大举措,已然成为当前国际社会最受欢迎的全球公共产品。① 该项倡议绘制出的愿景规划,涵盖了亚太、欧亚、中东和非洲等逾60个国家和地区,预计有超过64%的全球人口将受益其中。其中,南亚国家与中国山水相依、地域辽阔、资源丰富,在"一带一路"顶层框架中雄踞枢纽地位。

　　南亚国家包括不丹、孟加拉国、印度、马尔代夫、斯里兰卡、尼泊尔、巴基斯坦和阿富汗八个国家。从地缘位置来看,中巴经济走廊和孟中印缅经济走廊是"六廊"框架的重要组成部分,并且随着"一带一路"倡议的深化,中尼印经济走廊的地位也开始凸显,三大经济走廊共同促成了中国—南亚经济板块以及周边地区的联动发展态势。而印度洋港口和南亚岛国则成为衔接东南亚、西亚乃至非洲、欧洲地区南北方向海上丝绸之路的重要节点。与此同时,南亚作为"一带一路"倡议的先行区之一,双方的经贸合作取得了长足发展。据统计,截至2017年10月,中国与南亚国家间累计签署的合作项目涉及金额1926亿美元,中国对南亚实际投资存量达108.17亿美元。并且仅2017年前10个月内,双方进出口贸易额高达1028.3亿美元,同比增长43.9%,合作项目覆盖贸易、投资、基础设施、服务等诸多领域②。从文化交往来看,近年来,双方除了国家政府层面的友好互访合作,民众间的交往互动也日益密切,主要体现在教育、旅游、人文文化等方面。在"一带一路"背景下,中国正携手南亚各国为亚洲乃至全球区域合作做出贡献。

---

　　① 中国一带一路网.什么是"一带一路"?〔EB/OL〕.https://www.yidaiyilu.gov.cn/info/iList.jsp? tm_id=540.2018-09-26.

　　② 央视网.商务部:中国与南亚经贸合作旺盛发展〔EB/OL〕.http://news.cctv.com/2017/12/13/ARTI74kk9krbEFdfP6vJ9zwx171213.shtml.2018-09-27.

百年大计,教育为本。一个国家的现代化建设必须要把教育摆在优先发展的位置,充分发挥教育在人才培养中的核心作用。但是,与南亚国家工业化发展以及与中国经贸合作所产生的巨大人力资源需求不相一致的是,其教育整体发展水平并不高,无论是义务教育普及率、高等教育入学率还是职业教育参与率等都低于世界平均水平。根据联合国教科文组织的统计数据,成人识字率最低的国家主要集中于南亚地区,其文盲人口几乎占据全球总文盲人口的 49%,并且其 GPI(性别平等指数)高达0.79,这表明 15 岁以上的妇女识字率比同年龄组的男子低五分之一。[①]与此同时,南亚地区中等教育更是全球失学率最高的地区之一,仅次于撒哈拉以南的非洲地区,远远高于世界平均水平。[②] 2017 年高等教育参与率仅为 2.26%,远远低于世界平均水平——19.94%。职业教育在整个教育体系中的比例也不高,中等职业教育参与率仅为 0.81%,低于世界平均水平——3.53%。[③] 总体来看,低水平的教育发展现状对于支撑南亚经济社会发展来说仍存在巨大的挑战。

职业教育作为与现代经济社会发展关系最为密切的教育类型之一,在助力南亚国家经济转型发展进程中发挥着重要作用。习得职业知识、技能以及培养职业精神,于个人而言可以提升个人人力资本,促进就业,使无业者有业,使有业者乐业;于社会而言,则可以有效提升社会生产力,使得人才培养与产业结构转型的需求相一致。与此同时,职业教育的本质属性之一体现为全民性,即教育对象面向所有学生,尤其是考试成绩相对落后或家庭较为贫困的学生群体,这对减少贫困人口、提升社会公平和性别平等、促进社会和谐稳定等都大有裨益。此外,我国改革开放 40 年来的发展经验也表明,在由传统的农业经济向工业经济转型发展的过程中,职业教育发挥着主力军作用。

从教育国际化的角度来看,近年来,中国与南亚国家间开展的职业教

① UNESCO Institute for Statistics. Literacy Rates Continue to Rise from One Generation to the Next[EB/OL]. http://uis.unesco.org/en/topic/literacy.2018-09-28.

② UNESCO Institute for Statistics. One in Five Children, Adolescents and Youth is Out of School[EB/OL]. http://uis.unesco.org/en/topic/education-africa.2018-09-18.

③ UNESCO Institute for Statistics. http://data.uis.unesco.org/Index.aspx[EB/OL].2018-09-28.

育合作不断加强：一方面为"一带一路"倡议下双方开展的国际合作项目以及中资企业"走出去"提供人力资源支撑和相关技术服务支持；另一方面，也不断地推动着我国职业教育国际化在南亚方向的纵深发展。截至目前，双方开展的职业教育合作形式主要有中国政府开展的具有援助性质的职业教育官员研修班和各类专业技术研修班、互派高职院校留学生、境外办学，等等。如商务部主办、宁波职业技术学院已连续两年承办斯里兰卡商业文化融合海外研修班①；云南省教育厅与孟加拉政府签订合作备忘录，于 2018 年开展第一批互派留学生项目，并鼓励双方专业技术人员、教师到对方高等教育机构或科研机构接受培训，进行科研合作，开展教育交流②，等等。

但与此不一致的是，我国学术界关于南亚职业教育的研究成果并不甚丰富，尤其是对印度以外几个国家的针对性研究更是寥寥。因此，聚焦南亚职业教育研究就显得尤为必要。同时，考虑到当前南亚各国与中国交往合作项目之多寡、职业教育体系发展的完备程度等因素，本研究选取印度、尼泊尔、斯里兰卡和孟加拉国四个国家作为南亚职业教育的代表国，梳理其职业教育体系的发展现状，并对未来职业教育合作提出一些策略思考。

---

① 宁波职业技术学院.提升学校国际化办学水平,中国职教再赴斯里兰卡[EB/OL].https://www.nbpt.edu.cn/pub/www/xwdt/xyxw/20180803/71320.html.2018-09-29.

② 中国职业教育与成人教育网.云南——孟加拉国职业教育合作分论坛举行,双方将互派高职院校留学生[EB/OL].http://www.cvae.com.cn/zgzcw/yns/201806/38cca35c178543e39837d0d8773249cb.shtml.2018-09-29.

第一章　印度职业教育

　　印度职业教育与培训可主要划分为学校职业教育和职业培训,在管理上由联邦政府和邦政府共同负责。在中央一级,学校系统职业教育隶属于人力资源开发部,职业培训隶属于国家技能发展与创业部;在邦政府一级,学校系统职业教育和职业培训都隶属于邦政府管辖。就学校系统职业教育而言,按照国际教育标准分类法,它可划分为初级中学职业教育、高级中学职业教育、非高等的中学后职业教育和高等职业教育四个层次,实施机构有普通中学、综合技术学校、职业大学、理工大学、社区学院等;就职业培训而言,项目化运作特征显著,目前正在开展的项目有工匠培训计划、工匠教员培训计划、国家学徒促进方案、妇女职业培训项目、PMKVY 计划、Udaan 计划和 SANKALP 项目等,实施机构有公立/私立工业培训机构、学徒培训机构、高级培训机构、中央培训机构、企业主管培训机构等。

第一节　印度经济社会发展概况

一、地理环境

　　印度共和国,简称印度,首都新德里(New Delhi)。作为世界四大文明古国之一,印度曾于公元前 2500 年至 1500 年之间创造了灿烂的文明。随后在漫漫的历史长河中,印度经历了多次的外侵内乱与民族融合,形成了一个多元民族、多元文化的国度。印度东北部同中国、尼泊尔、不丹接壤,孟加拉国夹在东北国土之间,东部与缅甸为邻,东南部与斯里兰卡隔海相望,西北部与巴基斯坦交界,总国土面积约 298 万平方公里,是南亚次大陆最大的国家,居世界第七位。印度有 100 多个民族,其中主体民族为印度斯坦族,约占全国总人口的 46.3%。印度大部分人口拥有宗教信仰,其中印度教教徒和穆斯林分别占总人口的 80.5% 和 13.4%。[①]

二、政治体制

印度是一个联邦制国家,全国共划分为 35 个行政区,包括 28 个邦和 7 个中央直辖区。[②] 总统是国家元首和武装部队统帅,由议会两院和各邦议会当选议员组成的选举团推选,主要依照部长会议(即印度内阁)的建议行使职权。部长会议是最高行政机关,由总理、27 位内阁部长和 11 位国务部长构成。其中,总理是由总统任命人民院多数党的议会党团领袖担任,内阁部长和国务部长分管不同的部门以及国家应时创建的各类机构。

根据《宪法》规定,印度是主权的、世俗的、社会主义的民主共和国,实行英国式的议会民主制。其中,联邦议会由总统和两院组成,两院包括联邦院(上院)和人民院(下院)。人民院为国家主要立法机构,主要负责制定法律和修改宪法、控制和调整联邦政府的收入和支出、对联邦政府提出不信任案,并有权弹劾总统。最高法院是最高司法权力机关,有权解释《宪法》、审理中央政府与各邦之间的争议问题等。[③]

三、人口与就业

印度作为世界上年轻人最多的国家之一,拥有极为显著的人口红利。据统计,目前印度人口总数为 13.24 亿,约占世界总人口的 17.8%,居世

---

① 外交部.印度国家概况[EB/OL]. http://www.fmprc.gov.cn/web/gjhdq_676201/gj_676203/yz_676205/1206_677220/1206x0_677222/.2018-07-16.

② Nationalportalofindia. Governance& Administration[EB/OL]. https://www.india.gov.in/topics/governance-administration.2018-07-26.

③ 外交部.印度国家概况[EB/OL]. http://www.fmprc.gov.cn/web/gjhdq_676201/gj_676203/yz_676205/1206_677220/1206x0_677222/.2018-07-16.

界第二位,①并且在未来 20 年内,预计仍将有 32％的增长趋势。其中,从性别比例来看,男性人口约为 6.94 亿,占总人口的 52.4％;从人口年龄分布来看,其 25 岁以下的人口占比已逾 54％,处于工作年龄阶段(15～59 岁)的人口占比也超过了 62％。② 但是,与巨大的人口红利不相一致的是,印度的劳动力与就业情况不容乐观。国际劳工组织发布的最新数据显示,其近年来的劳动力参与率远远低于处于工作年龄阶段的人口比率,尤其是女性劳动力的参与率仅为男性的一半水平;从就业率方面来看,也存在出类似的现象。(见表 1-1)因此,加大印度面向就业的职业技术教育与培训,尤其是针对青年的教育与培训,就显得尤为重要。

表 1-1 印度劳动力与就业率相关数据(2015—2018)

指标(％) ＼ 年份	2015	2016	2017	2018
劳动力参与率	53.9	53.9	53.7	53.6
女性劳动力参与率	27.2	27.4	27.2	26.9
男性劳动力参与率	79	78.8	78.8	78.7
就业人口比率	52	52	51.8	51.7
男性就业人口比例	76.5	76.2	76.2	76.1
女性就业人口比例	26.1	26.3	26	25.8
青年人就业人口比率	30.2	29.5	29.3	29

资料来源:ILO.Statistics[EB/OL].https://www.ilo.org/gateway/faces/home/statistics?_adf.ctrl-state=n8zn3q0w9_9&locale=EN&countryCode=IND#.2018-07-28.

四、经济情势

近年来,印度的工业化发展势头迅猛。世界银行公布的数据显示,该国自 2012 年至 2017 年,内生产总值(GDP)年平均增长率高达 7.14％,

① World Bank India[EB/OL].https://data.worldbank.org.cn/indicator/SL.TLF.TOTL.IN?end=2017&start=2007.2018-07-2.
② Ministry of Skill Development & Entrepreneurship.National Skill Development Mission[EB/OL].https://www.msde.gov.in/nationalskillmission.html.2018-08-17.

远远超过美国(2.17％)、日本(1.28％)等发达国家,与我国几近持平,成为世界上经济发展速度最快的国家之一。(如图 1-1 所示)

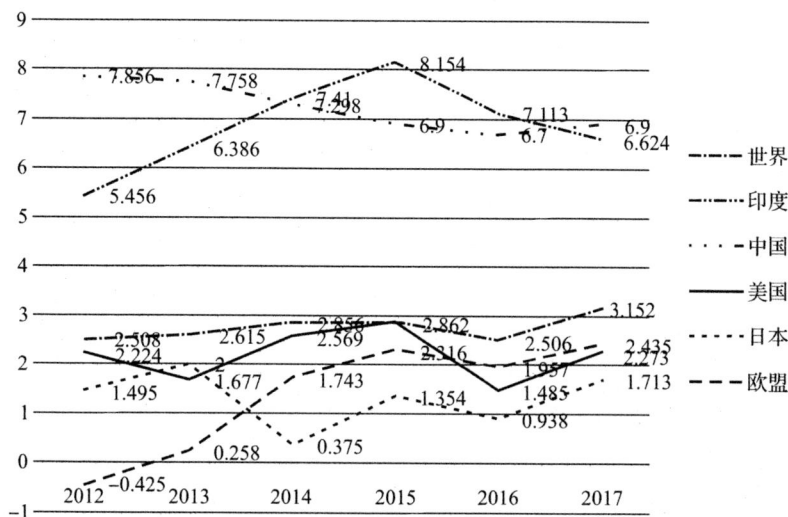

图 1-1　世界、印度、中国、美国、日本及欧盟 GDP 年度增长率

资料来源:世界银行数据库. GDP 增长率(年百分比)[EB/OL]. https://data. worldbank.org.cn/indicator/NY.GDP.MKTP.KD.ZG? end＝2017&lcations＝US-CN-IN-JP-EU-1W&name_desc＝true&start＝2012.2018-08-01.

就国内三大产业的经济贡献来看,农业生产总值在 2014—2017 年三年内的占比分别为 16.5％、15.4％和 15.2％;工业生产总值占比分别为 22.6％、23.1％和 23.2％;服务业生产总值依次为 60.9％、61.5％和 61.7％。其中,第二产业又以制造业生产总值占比最多,连续三年分别为 17.4％、17.8％和 18.1％;[①]服务业中发展较好的领域则是贸易、运输、房地产,随后是商业、旅游、酒店、运输、公共管理等。从开展国际贸易的对象来看,印度从欧洲、非洲、北美洲及亚洲的进口额分别为 16.96％、8.31％、7.43％及 58.43％;出口额分别为 19.19％、9.54％、17.24％及 48.74％,主要集中在亚洲地区。具体到国家(地区)而言,其进口额排前五位的分别是中国内地、美国、沙特阿拉伯、阿联酋和瑞士,分别占比 16.22％、5.73％、5.34％、5.11％和 5.07％;出口额排前五位的分别是美

---

① ReserveBankofIndia. AnnualReport [EB/OL]. https://www. rbi. org. in/ Scripts/AnnualReportPublications.aspx? Id＝1214. 2018-07-28.

国、阿联酋、中国香港、中国内地及英国,分别占比 15.43%、11.57%、4.63%、3.45%、3.38%。其与中国、美国、阿联酋的经济往来最为密切。①

第二节 印度职业教育政策与管理体制

一、职业教育与培训的政策变迁

就现代意义的印度职业教育而言,其发轫可追溯至殖民时期的《伍德—艾伯特报告》。独立后,印度又出台了系列政策法案予以发展,最终形成了现行较为完善的职业教育体系。

1.《伍德—艾伯特报告》:职业教育的发轫

早在殖民时期,英政府为巩固统治,开始重视印度的教育发展,并于1854 年发布《伍德教育急件》,要求将英语作为高等教育官方语言,着手其他阶段的教育发展。② 此时,职业教育并未明确提及,只是技术学校开始有所发展。截至 1901 年,印度共开办技术学校 80 所。③ 随着印度工业化的觉醒,传统的精英教育日益无法满足企业对技术型人才的需求。因此,伍德—艾伯特委员会于 1936 年发布《伍德—艾伯特报告》,其中明确提出发展职业教育的具体方案。如:尝试在教育体系中架构普通教育与职业教育双轨并行的通道,在初中之上开设三年制初级职校和二年制高级职校;各辖区可根据行业需求,举办对口职业培训;建立职业教育咨

---

① Ministry of Commerce and Industry. E-Book of 'Department of Commerce Ministry of Commerce and Idustry Government of India[EB/OL]. http://commerce. gov.in/Magazine/commerce.pdf.2018-07-28.
② 赵中建.战后印度教育研究[M].南京:江西教育出版社,1992:15-16.
③ 樊惠英.印度职业技术教育发展的回顾[C]//中国地方教育史志研究会,《教育史研究》编辑部.纪念《教育史研究》创刊二十周年论文集(20)——外国教师教育史、职业与成人教育史研究,2009:5.

询委员会,协调行业同教育部门的合作;给职校毕业生颁发毕业证书等。[①] 因此,《伍德—艾伯特报告》可被认为是印度职业教育正式发展的开端。在其推动下,印度当局着手开办职业学校,增设职业课程,如孟加拉工程学院(Bengal Engineering College at Sibpur)在 1935—1936 年增开电子工程课程,在 1939—1940 年又增加了冶金课程。[②] 但从整体上看,直到独立前,印度职业教育的发展一直较为缓慢。

2.《教育委员会报告》:职业教育体系的初成

独立后,印度工业发展取得了重大进步,尤其是"二五"计划期间,印度的重工业发展迅猛。但与此不相适应的是,技术人才供给仍严重缺乏,普通学校培养的学生几乎没有技能基础。因此,印度政府于 1952 年设立中等教育委员会,专门研究职业教育的发展问题,并于 1953 年和 1966 年相继出台《中等教育委员会报告》和《教育委员会报告》。前者提出要通过法律手段规范职业教育运行,规定工厂需肩负为学生实习提供配套设备的责任;要求在高中阶段开设多元化课程,由全印技术教育委员会指导课程内容的开发;强调学徒培训作用的发挥等。[③] 这些举措在《教育委员会报告》中得到进一步的规范与深化,《教育委员会报告》还指出:要推行"10+2+3"教育模式,不仅要在高中阶段开设职业课程,而且在前十年的普通教育中也要渗透社会实践课,并预期到 1986 年,"+2"阶段的职校生应达到 50%。此外,它还主张通过函授等形式进行在职训练,并开展女性职业教育等。[④] 在相关政策指导下,由中等教育职业化、全印技术教育委员会指导的多元课程开发(技术员教育的早期形态)、学徒培训等构成的职业教育体系已初步形成。据统计,到 1986 年,设置职业教育课程的学校约有 1700 所,覆盖学生近 130000 人。但与普通教育相比,这也仅占高中总体学生数的 3.7%。[⑤]

---

① 梁忠义,李守福.职业教育[M].长春:吉林教育出版社,2000:72-76.

② S.N.Mukerjli.History of Education in India(Modern Period)[M].Acharya Book Depot.Baroda,1957:17.

③ 梁忠义,李守福.职业教育[M].长春:吉林教育出版社,2000:72-76.

④ 梁忠义,李守福.职业教育[M].长春:吉林教育出版社,2000:72-76.

⑤ 赵中建.战后印度教育研究[M].南京:江西教育出版社,1992:15-16.

3.1986 年《国家教育政策》(1992 修订):职业教育体系的确立

继《教育委员会报告》之后,印度政府于 1968 年发布《国家教育政策》,推动"10+2+3"教育学制在全国实施,但囿于人们注重学术教育的观念根深蒂固、技术工人薪值低于本科生收入、职业教育内容与市场实际脱节等,50%的中等教育职业化目标并未实现。为实现职业教育与社会经济的协调共进,印度政府在 1986 年再次发布《国家教育政策》,强调职业教育的重要性,要求全面贯彻"10+2+3"的教育学制。其中,"+2"阶段的中等教育包括学术流和职业流,并为两者之间的双向流动增设了"桥梁课程",冲破了职业教育唯就业取向的壁垒。此外,它还指出要拓展职业教育课程,增加农业、社会服务、市场营销、健康卫士等领域的课程内容;规定私营企业在职业教育办学和课程开发中的职责;关注女性、贫困地区人口、残疾人等社会弱势群体的需求,为其开展适当的正规与非正规职业培训项目。[①] 随后,《国家教育政策》在 1992 年又再次修订,预期到 1995 年和 2000 年,中等教育职业化的目标要达到 10%和 25%。[②] 总体来看,1986 年《国家教育政策》的出台,对职业教育的内容进行了更加详细的规划,具有职普双向流动性的现代职业教育体系已基本确立,也意味着印度职业教育发展迈上了一段新征程。

4.《国家职业教育资格框架》和《国家技能开发与创业政策》:职业教育体系的完善

1991 年后,印度拉开以市场化、全球化为导向的经济改革序幕,尤其是进入 21 世纪,印度的工业化步伐大大加快,有大批农业剩余劳动力亟需向非农领域转移,企业对员工的技术水平也有了更高的要求。但此时的印度职业教育却面临着社会认可度低、人才培养质量参差不齐、职普融须与晋升受限等发展问题。[③] 在此背景下,印度人力资源部开发部于

---

① Ministry of Human Resource Development. New Delhi: National Policy on Education1986[EB/OL]. http://mhrd. gov. in/documents_ reports? field_documents_ reports_category_tid=19. 2018-08-24.

② 王留栓.亚非拉十国高等教育[M].上海:学林出版社,2001:69-72.

③ 马君.印度现代职业教育体系的构建——基于资格等值的印度国家职业教育资格框架的文本分析[J].河北师范大学学报(教育科学版),2014(4).

2012 年出台了《国家职业教育资格框架》(以下有时简称《框架》),以知识层次和技能水平来衡量个人职业资格,并颁发相应的职业资格证书。其具体包括先前学习认定 1～2 级、国家岗前培训 1～2 级、国家能力证书 1～8 级,共 12 个层级,纵向覆盖了从小学到博士的全部教育阶段,横向分为职业教育与普通教育两种学历类型。其中,在先前学习认定阶段,其既认可正规学习取得的学分,也认可由非正规途径取得的学习结果与证书;在学校教育阶段,由资格证书颁发部门和行业技能委员会制定不同职业及各层级对应的学分框架,并规定通过补修桥梁课程,可进行职普课程的学分转换,达到相应学分要求的学生可选择职普双向流动,或进入更高等级的学校深造;此外,《框架》还规定产业界的参与要贯穿职业教育课程设计、实施、评估的全过程。① 总之,相关政策进一步推进了普职融通、职业教育高移及行业企业的深度参与,为职业教育的多元化发展提供了广阔的前景。

伴随全球化、信息化的冲击,印度经济发展面临发展和转型的双重挑战,而多样化技能人才的支撑是其发展经济的前提。因此,印度政府于2015 年发起"技能印度"的倡议,并发布《国家技能发展与创业政策》,意在统筹全国的技能开发问题,建立一个终身学习的技能培养生态系统。为此,其规定在中央设立国家技能发展与创业部(MSDE),以项目化运作方式统筹全国职业教育与培训,项目涉及中等教育职业化、理工学院项目、工匠培训、学徒培训、高技能人才培训、师资培训、国际技能人才培训等,逐步形成了一个多层次、宽领域的现代职业教育与培训体系。此外,印度还注重国家技能资格框架的开发与完善(NSQF),以期代替传统的国家职业教育资格框架,在正规教育体系中规划职业教育的纵向和横向流动途径,实现普职等值发展;提出要建立全国劳动力市场信息数据库,将印度技术人才供需趋势综合起来,按国际标准编制劳动力市场资料,为针对性地开展职业培训提供参考;更加关注女性、残疾人、老年人等社会弱势群体的培训与继续教育问题;等等。② 该政策的出台反映出印度职

---

① Ministry of Human Resource Development. National Vocational Education Qualifications Framework (NVEQF) [EB/OL]. http://mhrd. gov. in/sites/upload_files/mhrd/files/EXECUTIVE%20ORDER.pdf.2018-08-24.

② Ministry of Skill Development and Entrepreneurship. National Policy for Skill Development and Entrepreneurship2015[EB/OL].https://www.msde.gov.in/assets/images/Skill%20India/policy%20booklet-%20Final.pdf.2018-08-3.

业教育在投入力度、管理体制、注重公平、终身学习等方面的发展将迈出更大的脚步。

二、职业教育与培训的管理体制

印度作为一个联邦制国家,其教育由联邦政府和各邦政府共同负责。从国家层面的管理结构来看,联邦政府处于最高领导地位。由国家总理直接领导的国家技能发展管理委员会(Mission Governing Council)负责整体指导和政策制定,其成员还包括国家技能发展与创业部、人力资源开发部、劳工部、财政部等 10 个部门的部长。其中,负责国家职业教育与培训的关键部门是人力资源开发部(主要负责学校系统内的职业教育)和国家技能发展与创业部(主要负责各类职业培训项目)。此外,印度政府中还有劳工部、农业部等超过 18 个部委也为职业教育与培训的发展提供支持。(见图 1-2)

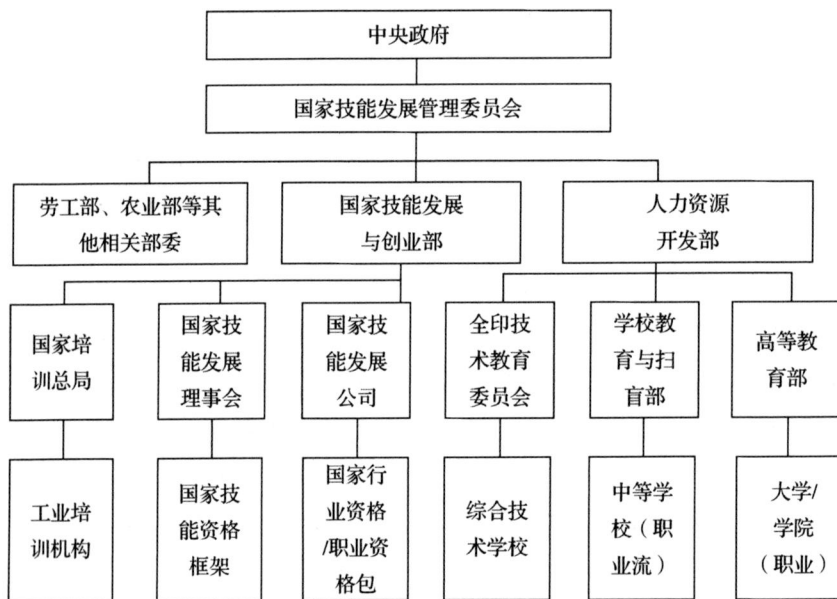

图 1-2　印度职业教育与培训的管理体制图

资料来源:根据 Ministry of Human Resource Development、Ministry of Skill Development and Entrepreneurship Webside 整理而成。

1. 人力资源开发部（MHDR）

人力资源开发部成立于 1985 年，主要通过学校教育与扫盲部、高等教育部和全印技术教育委员会统筹学校系统内的职业教育活动。

（1）学校教育与扫盲部（DSE&L）。其负责全国初等教育、中等教育和扫盲教育相关事宜，其中，负责印度中等教育职业流的主要是中等教育局（CBSE）。在局长的主持下，中等教育局又按照工作任务具体划分为秘书科、考试管理科、教师培训科、信息技术科、远程教育科、职业教育科等，分别涉及中等教育职业流的机构审批、合作交流、学业考评、师资培训、课程监管等不同领域。另有中等教育委员会、国家教育研究与培训委员会等为中等教育职业流提供课程开发与编写、提升教育质量、师资培训等方面的政策建议和学术支持。[①]

（2）高等教育部（DHE）。其负责高等教育发展的顶层规划，包括为技术教育和学士学位职业教育制定发展政策；鼓励私营部门参与高等教育的机构设立和课程开发，拓展高等教育的知识领域；促进妇女、特殊群体、贫困地区人口参与高等教育，提升教育的公平性和包容性；促进国际交流与合作项目的开展，提升高等教育的国际性等。此外，高等教育部下设全印技术教育委员会分管全国技术教育发展的相关事宜；下设四个中央学徒培训委员会（BAT），通过与行业、学员等多方磋商，制定学徒培训方案以及为通过培训的学员颁发证书，值得注意的是，学徒培训项目的具体实施仍隶属于国家培训总局。[②]

（3）全印技术教育委员会（AICTE）。其成立于 1945 年，根据《AICTE(1987)法》的规定，其正副主席由中央政府直接任命，除此以外，其成员还包括人力资源开发部秘书、教育部秘书、各行业技术委员会主席等，是全国技术教育体系发展的一级政策咨询和指导机构，负责对技术教育各个领域进行调研，并形成报告，为技术教育的发展提供学术支持。同时还负责为各级各类技术教育项目的开展提供项目支持；制定技术教育发展的相关质量标准，如技术教育机构的审批、学费收取的规范准则，为

① Central Board of Secondary Education. Administrative setup［EB/OL］. http://cbse.nic.in/newsite/administrativeSetup.html.2018-08-29.

② Ministry of Human Resource Development. About Department Of Higher Education［EB/OL］.http://mhrd.gov.in/overview.2018-08-29.

技术教育机构制定员工考绩制度等;制订促进妇女、残疾人和其他社会弱势群体接受技术教育的计划;等等。①

2. 国家技能发展与创业部(MSDE)

在 2015 年出台的《国家技能发展与创业政策》中,印度政府设立国家技能发展与创业部,并将国家培训总局从劳工部分离出来,联合国家技能发展署(NSDA)和国家技能发展公司(NSDC)等,统筹全国的职业技能培训项目。

(1)国家培训总局(DGT)。其设立于 1945 年,主要负责为全国的职业培训和学徒培训制定政策框架和标准规范,确保全国工业培训机构体系的协调、综合发展。同时,还负责培训设施更替与增扩的审批、编制职业培训课程、为妇女和特殊人群提供职业培训方案和就业指导、汇整全国就业信息并形成报告,等等。另有国家职业培训委员会和中央学徒培训委员会,为各级各类工业培训机构以及企业学徒培训的发展提供各类政策指导意见。值得注意的是,根据印度培训与就业委员会的建议,工业培训机构和学徒培训机构的相关日常管理事务都由各邦政府、中央直辖区行政当局负责。②

(2)国家技能发展署(NSDA)。国家技能发展署(NSDA)是职业培训的监管和质量保证机构,通过与各中央部委、邦政府和私立部门等利益相关方的协调,统筹全国技能开发相关事宜,具体包括:与各邦政府合作,制定地区技能开发行动计划和发展政策,并建立相应的管理机制;监测和调整国家技能资格框架(NSQF)的内容标准使之符合行业与社会的实际需求(具体审批、规范由国家技能资格委员会予以实施);建立和维护全国技能开发相关数据库,如动态劳动力市场信息系统(LMIS)的开发;下设技术创新委员会,加快技能创新的成果转化;积极与亚洲开发银行(ADB)、欧盟(EU)和英国政府国际发展部(DFID)合作开展面向其他不发达国家

---

① All India Council for Technical Education. Annual Report(2015—2016)[EB/OL].https://www.aicte-india.org/reports/overview/Annual-Report.2018-08-29.

② Directorate General of Training. DGT[EB/OL]. http://www.dget. nic. in/content/innerpage/functions-of-the-directorate-general.php.2018-08-29.

与地区的技术援助项目。①

（3）国家技能发展公司（NSDC）。其成立于 2009 年，实质是一个公私合作的非营利公司，其中国家技能发展与创业部（MSDE）持股 49%，私营部门持股 51%。其主要通过贷款、股权、奖助金等形式为国家各类职业培训项目提供支持，尤其是面向具有商业前景的、可持续发展的私营部门。如积极推动创建大型、优质的职业培训机构或职业培训项目；为提升国家技能水平的课程开发项目、教员培训项目、质量保证、技术平台建设，以及开展技能培训的企业、公司和组织提供资金支持；通过组建行业技能委员会等途径，建立健全技能开发的相关支持系统等。截至目前，NSDC已经批准了超过 40 个组建行业技能委员会的提案。②

从邦一级层面来看，印度的学校职业教育通常由各邦政府专设的教育局统一管辖，另有邦一级的中等教育委员会、学徒培训委员会、行业技能委员会等为其提供政策咨询支持；此外，政府鼓励各邦同样设立区域层面的技能发展与创业部（SSDM）负责职业培训相关事宜。而该部门领导下的职业培训体制架构则由地方自行决定，一般是由地方职业培训委员会（SCVT）和行业协会协助邦政府，按照国家推进的职业培训项目相关要求，制定地方层面的职业培训方案。

第三节　印度职业教育与培训体系

一、学校职业教育

印度的学校职业教育隶属于人力资源开发部管辖。按照《国际教育标准分类法》，我们可以将印度学校水平的职业教育实施机构对应到第 2～5 等级，即初级中学职业教育、高级中学职业教育、非高等的中学后职

---

① National Skill Development Agency. NSDA［EB/OL］. https://www.nsda.gov.in/nsda-about-us.html.
② National Skill DevelopmentCorporation. NSDC［EB/OL］. https://www.nsdcindia.org/about-us.2018-08-30.

业教育和高等职业教育四个阶段。此外,它还包括学校系统外的各种非正规职业教育培训机构。不同学历层次与类型的职业教育机构相互衔接,逐步形成了规模庞大、纵横贯通、相对独立的现代职业教育办学体系。(见图1-3)

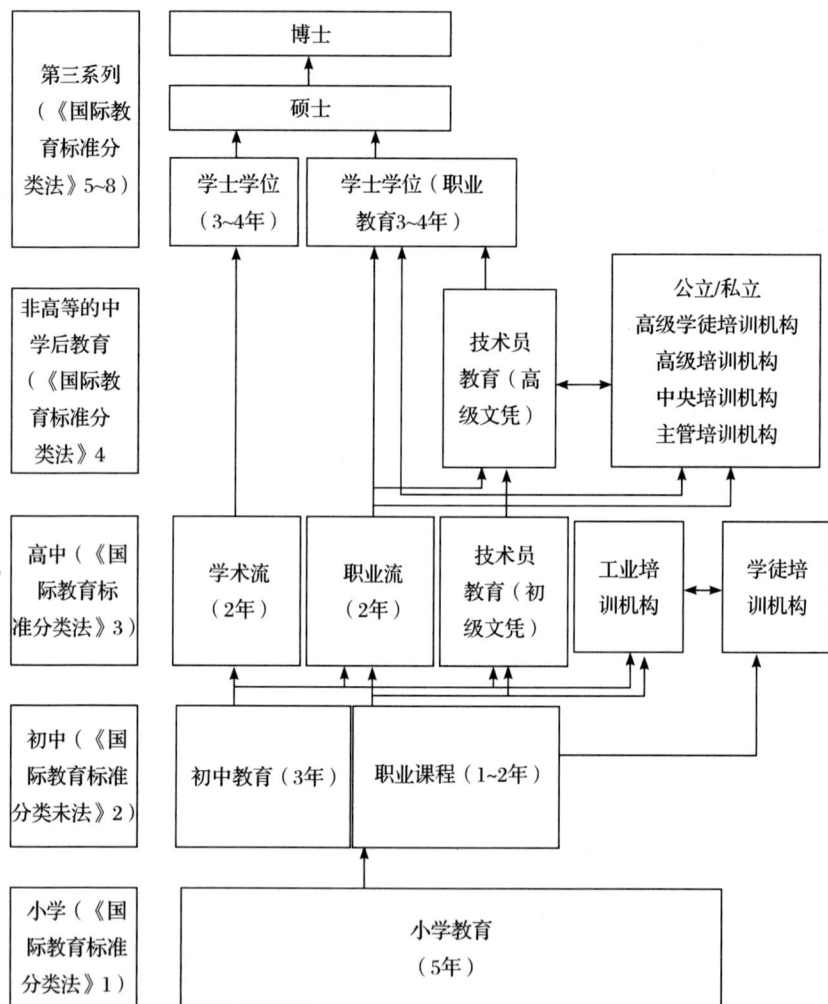

图1-3 印度教育体系图

资料来源:根据世界银行发布的 TVET Country Profile(India)和国家技能发展与创业部网站发布的 National Skill Mission 整理而成。

1. 初级中学职业教育

印度初级中学职业技术教育的教育对象是已经通过初等普通中学教育考试的学生,实施机构主要有普通中学和职业高中。

与我国高中阶段才开始为学生提供专门的职业教育课程不同,印度尽管也是从高中阶段开始实施职业教育和普通教育分流的,但却非常重视基础教育阶段的职业课程渗透。1966 年,印度的《教育委员报告》提出,要在 9~10 年级的初级中学教育阶段设置为期 1~2 年的职业教育劳动实践课程,主要培养学生学习基本的劳动知识并形成良好的职业态度,为学生更好地分流进入下一层级的职业学校奠定基础。[①] 该阶段的教育实施由人力资源开发部下的中等教育局负责统筹。值得注意的是,部分地区将该阶段的职业课程直接纳入“中等教育职业化”的方案,与高中阶段的 2 年职业分流课程融合成 4 年制的中等职业教育。

2. 高级中学职业教育

印度高级中学职业技术教育主要包括职业教育分流和综合技术学院开展的技术员教育,教育对象是通过 10 年级毕业考试(尤其是接受过初级中学职业教育)的初中毕业生。

(1)职业教育流(School Vocational Stream)。在印度的“10+2+3”学制中,学生接受完 10 年普通教育以后,会在“+2”阶段实现职业教育和普通教育分流,类似我国的普通高中与职业高中分流,在印度被称为中等教育职业分流。其最早在《教育委员会报告》中提出,后在 1986 年的《国家教育政策》中得以确立,并面向全国推广。截至 2017 年,印度有 17 个邦、中央直辖区的 7448 所学校开设职业化课程,包括公立学校 5582 所,主要开设农业、家政、医护等六大类专业,涉及 17 个行业。课程内容参照行业技能委员会开发的职业资格包,学制一般为两年(部分学校采取 9~12 年级的 4 年制);学生的学习由行业技能委员会与各邦政府共同进行评估和认证,以确保学习的质量。[②] 学习结束后,毕业生可进入综合技术

---

① 李继延.中外职业教育体系建设与制度改革比较研究[M].上海:复旦大学出版社,2014:125-127.

② Mininstry of Skill Development and Entrepreneurship. The Scheme of Vocationalisation of Secondary Education [EB/OL]. https://www. msde. gov. in/school-education.html.2018-08-1.

学校进行为期 1～2 年的技术员证书科目学习,或进入本科职业教育继续学习,具有流动性。

(2)技术员教育(Basic Diploma)。印度的技术员教育主要招收通过 10 年级毕业考试的初中毕业生,或者已完成 2 年职业教育分流但仍需要考取技术员证书的学生。实施机构为综合技术学校,学制 3 年,由全印技术教育委员会统一负责,主要培养介于普通工人和工程师之间的专业技术人员,专业覆盖制造、电子、工程等多个领域,通过专业考试的学生可获得由全印技术教育委员会颁发的技术员文凭,直接就业,或者进入本科层次的职业教育院校继续学习;此外,部分综合技术学校还为毕业生进一步提供 2～3 年的高级文凭课程,即非高等的中学后职业教育。

3. 非高等的中学后职业教育

印度非高等的中学后职业技术教育主要招收已完成 2 年职业分流教育或 3 年技术员教育的高级中学职业教育毕业生,实施机构同样是综合技术学校。

该阶段的职业教育也被称为高级文凭职业教育(Advanced Diploma),学制 2～3 年。按照《国际教育标准分类法》,其并不属于高等教育范畴,而是介于中学教育和高等教育之间的第 4 层级教育,由全印技术教育委员会统一管辖,但从年级水平来看,其与我国高等职业教育处于同一层次;从人才培养定位来看,其延续了高级中学职业教育阶段的技术员教育,培养的是技术理论与实践操作水平更为高深的高级技术员,学生毕业通过考试后可获得高级文凭证书,没有学位证书。因此,其可与我国高等职业教育相对应。其毕业生可以进入学士学位职业教育继续深造,也可选择直接就业。

4. 高等职业教育

印度的高等职业技术教育包括学士学位职业教育和技术教育两种类型,主要招收已完成 12 年普通教育(包括学术流和职业流)或者非高等的中学后职业技术教育的毕业生。

(1)学士学位职业教育(Bachelor of Vocational Education)。1994年,印度大学拨款委员会启动了学士学位职业教育计划,尝试在普通大学中开设职业教育课程,并于 2014 年提出在高等教育阶段设置职业学士学位,学制 3 年。该阶段的职业教育课程由校企合作开发,并且强调实践操作能力的提升,要求专业实践课占总课时的 60％以上,[①]为职业教育学生进一步提升学历教育层次提供了上升的通道,体现了印度职业教育的产教融合与职普平等理念。

（2）技术教育（Technical Education）。新世纪以来,印度高等教育层次的技术教育发展迅猛,发展了一批世界一流的工程技术学院,如印度理工学院、印度管理学院、国立技术学院等。除此之外,印度还发展了一大批由邦政府资助或私立的社区学院,这些学校通常囿于办学自主权、办学经费等方面的限制,办学质量参差不齐,学制也因院校类型的不同而有所差异。该阶段的技术教育由全印技术教育委员会统一管理,专业涉及工程建筑、农业、设计、管理等诸多领域,培养了大批软件、航空航天、生物技术等领域的高科技人才。

二、职业培训体系

印度的职业培训主要是由国家技能发展与创业部统一负责。就目前而言,其正在推进的职业培训项目有近 50 个,涉及政府部委超过 18 个。[②] 此外,还有一些私人部门/非政府组织等开展的职业培训。就培训层次而言,其不仅有面向熟练技术工人的工匠培训,还有面向高级技术人才的高级培训、企业主管培训等。尤其是在学徒培训体系中,它更是划分了从普通学徒、技师学徒、技术员学徒到研究生学徒四个等级的职业培训,层次较为完善。就培训对象来说,印度职业培训关注到了妇女培训、残疾人就业培训等处于社会弱势地位的人群的需求。就培训形式而言,在确保经费、技术、时间等条件的前提下,印度的职业培训凸显项目化运作的特点。其中,就政府推进的职业培训项目而言,重点是由国家培训总局和国家技能发展公司推进的职业培训项目。

1. 由国家培训总局负责推进的职业培训项目

国家培训总局主要负责根据不同部门的实际需求,为其提供学校系

① 王丽华.印度现代职业教育体系及特征[J].职业教育研究,2015(10).

② Ministry of Skill Development and Entrepreneurship.Annual Report（2016—2017）[EB/OL].https://www.msde.gov.in/annual%20report.html.2018-08-21.

统内的职业培训。据统计,其管辖内的职业培训机构包括 13350 所工业培训机构、31 所中央培训机构(包括高级培训机构、企业干部培训机构、教员培训机构、各级妇女职业培训机构)、12 所私营教员培训机构、2 所邦级公立教员培训机构,还设有工匠培训、研究机构和高科技培训机构。①类型丰富的培训机构为其开展各类职业培训项目奠定了坚实的基础。

工匠培训计划(CTS)是印度政府在 1950 年推出的一项旨在培养熟练技术工人、减少青年失业率的职业培训项目,其财政权利和日常管理皆由各邦政府统一负责。教育对象是年满 14 周岁的所有公民,尤其是为残疾人和妇女分别预留了 3% 和 30% 的入学名额;课程覆盖全国 126 个行业,70% 的课程内容为实训操作,剩余 30% 为理论课和德育课程;其实施机构是遍布在全国各地的工业培训机构(ITIs,包括公立和私立两种形式)。在过去的 20 年内,印度工业培训机构发展势头强劲,平均每年机构数增长率高达 15%(见图 1-4)。截至 2016 年年底,全国共有工业培训机构 13350 所(包括公立 2150 所和私立 11200 所),可容纳学员 28.47 万人次。②

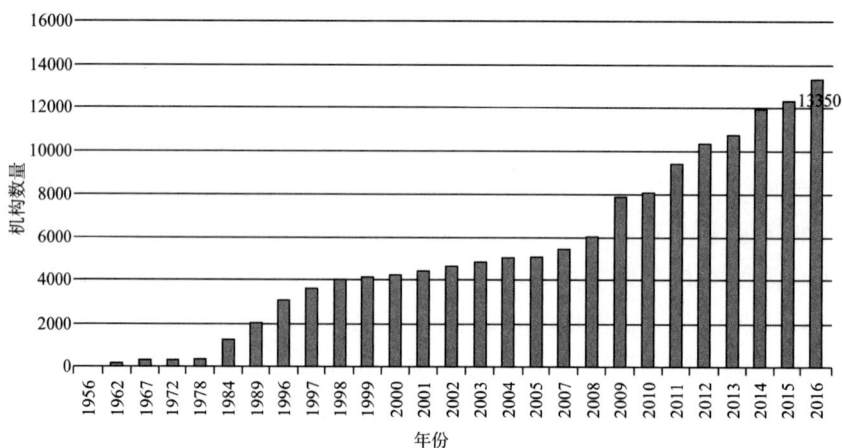

图 1-4　印度工业培训机构(ITIs)年度数据统计

资料来源：MSDE. Annual Report［EB/OL］. https://www. msde. gov. in/ annual%20report.html.2018-08-20.

---

① Ministry of Skill Development and Entrepreneurship. Annual Report(2016—2017)［EB/OL］.https://www.msde.gov.in/annual%20report.html.2018-08-21.

② Ministry of Skill Development and Entrepreneurship. Annual Report(2016—2017)［EB/OL］.https://www.msde.gov.in/annual%20report.html.2018-08-21.

工匠教员培训计划(CITS)是与工匠培训计划同步推出的旨在培养工匠师资的职业培训项目。其教育对象是持有 NTC/NAC/高级文凭/大学学位证书或具有同等资历证明的人员,主要面向 27 个工程行业和 9 个非工程行业的教员提供技能培训方法方面的培训。有数据显示,目前印度全国 13350 所工业培训机构大约需要 90000 名教员,但是接受过正式工匠教员培训的仅占 15%。为此,印度政府积极采取相关措施,在新增中央培训机构(由政府设立的教员培训机构)的基础上,支持 12 家私立教员培训机构的创建。目前在工匠教员培训计划项目下,印度每年可培训教员 27000 人次。①

国家学徒促进方案(NAPS)是基于 1961 年《学徒法》的相关规定,于 2016 年发起的一项学徒培训项目,预计到 2020 年共完成学徒培训 500 万人次。② 学徒最低年龄要求满 14 周岁,且皆可享受来自政府不超过 150 卢比的学徒津贴;学徒课程内容和课时安排由中央学徒培训委员会制定,其中理论课程在基础培训中心(BTC)完成,约占学徒培训总学时的 1/5~1/4,实践操作课则由工业培训机构或学徒培训机构完成;根据已有教育基础的差异,学徒共划分为普通学徒、技师学徒、技术员学徒和研究生学徒四类,学制 1~4 年不等。此外,为了提升项目实施的效率,印度政府专门设计了学徒培训的用户在线门户网站(www.apprenticeship.gov.in)。

妇女职业培训项目。印度女性人口占比约 48%,但劳动力占比仅为 23.7%,因此,印度政府高度重视面向妇女的职业培训,并早在 1977 年就启动了该项培训计划,逐渐形成了中央和邦政府两级培训机构网络。就国家层面而言,印度政府设立了面向妇女的 16 个国家职业培训机构(NVTI)和 16 个区域培训机构(RVTI),在 2016—2017 年度内,通过工匠培训计划和工匠教员培训计划分别面向妇女培训 2963 人次和 1500 人次;就各邦层面而言,按照工匠培训计划的相关规定,国家职业培训委员会(NCVT)为当地女性预留了 30% 的培训名额。在 2016—2017 年度内,

---

① Directorate General of Training. Crafts Instructor Training Scheme (CITS) [EB/OL]. http://dget. nic. in/content/innerpage/crafts-instructor-training-scheme-cits.php.2018-08-22.

② Ministry of Skill Development and Entrepreneurship. Annual Report(2016—2017)[EB/OL].https://www.msde.gov.in/annual%20report.html.2018-08-21.

各邦共有 405 个妇女工业培训机构（WITIs）和 1003 个隶属于普通工业培训机构的女性班级，共计培训妇女 83270 人次。①

除上述几个项目之外，由国家培训总局实施的职业培训项目还有技能开发行动计划（SDI）、高级职业培训项目（AVTS）、与世界银行和其他发达国家合作的职业培训项目等近 10 个。

2. 由国家技能发展公司推进的职业培训计划

国家技能发展公司作为一家公私合营（PPP）的机构（私营部门控股 51%），拥有一个有着数量丰富的培训伙伴（TPs）的网络，并通过与行业、企业、基金会、社区组织等多方利益攸关者的合作，共同促进国家技能培训生态系统的发展。据不完全统计，截至目前，国家技能发展公司已培训学员逾 520 万人次，以债务或股权等形式资助私营培训伙伴开展培训项目 235 个，并关注到了贫困地区、残疾人、少数民族等特殊群体的生计培训问题。② 目前该机构重点开展的项目具体如下：

PMKVY 计划是由印度总理纳伦德拉·莫迪（Narendra Modi）于 2015 年世界青年技能日发起的一项技能培训旗舰项目。该项目计划在 2016—2020 年期间，为全国 1000 万青年提供面向就业的职业技能培训，预计投入 1200 亿卢比（约合人民币 117.9 亿元），由中央和各邦共同负责（75%财政资助来自国家技能发展公司，25%来自邦政府）。培训内容包括面向失业青年提供短期培训、面向已有学习经验的青年提供学业认证（RPL）以及面向现有职业标准（NOS）/岗位资格包（QPS）尚未覆盖的特殊行业人群提供培训。截止到 2017 年 2 月，该项目已完成培训 1316775 人次。③

Udaan 计划是由民政部门（MHA）资助、由国家技能发展公司推进实施的一项联结印度各大企业与查谟和克什米尔（J&K）地区待就业毕业生

---

① Directorate General of Training. Women Training[EB/OL]. http://dget.nic.in/content/institute/women-training.php.2018-08-22.

② Ministry of Skill Development and Entrepreneurship. National Skill Development Corporation[EB/OL].https://www.msde.gov.in/nationalskilldevelopmentcorporation.html.2018-08-22.

③ Ministry of Skill Development and Entrepreneurship. Pradhan Mantri Kaushal Vikas Yojana (PMKVY)[EB/OL].https://www.msde.gov.in/pmkvy.html.2018-08-22.

的培训项目。各企业按需向 NSDC 提出方案并在通过 Udaan 委员会的资格审查后,以在线报名的形式招募 J&K 地区的三年文凭毕业生、大学毕业生、研究生,各企业负责人员筛选并提供相应的岗位培训,课程 3 个月到 6 个月不等,Udaan 机构为学员提供住宿、单程旅费和津贴保障。该项目预计在 5 年内投入 75 亿卢比(约合人民币 7.37 亿元)为 4 万名学历生提供职业培训。截至 2016 年年底,共有 24312 名学员参加了面向 IT、制造业、汽车等 84 家行业领头公司的就业培训,除去正在接受培训的 5480 名学员以外,已有 9632 名学员被顺利安排就业。①

此外,国家技能发展公司重点推进的项目还有现代化职业培训中心建设项目(PMKK),以及针对有意向赴海外求职的青年提供的国际技能培训项目(IISC),等等。

3. 国际援助的职业培训项目

随着全球人口发展的老龄化趋势加剧,当今世界的许多国家,尤其是发达国家,其处于工作年龄阶段的劳动力将出现负增长。据估计,到 2020 年,美国人口的平均年龄将达到 40 岁,欧洲国家平均是 46 岁,日本是 47 岁,而印度仅有 29 岁。同时,在未来 20 年里,发达国家的劳动力预计将减少 4%,而印度的劳动力将增长 32%。② 印度技能型人才的培养不仅是推动本国经济转型发展的必要前提,也将有利于弥补国际劳动力市场的预期缺口。因此,近年来,如世界银行、英国、德国等也试图在职业培训领域加强对印度的援助与合作。其中,以世界银行资助的 SANKALP 项目最受关注。该项目由世界银行贷款援助 5 亿美元、各邦政府捐助 1 亿美元以及“企业社会责任”(CRS)资助 7500 万美元,重点关注覆盖整个印度的技能开发生态系统,如不断完善技能发展与创业部领导下的技能培训管理体制,构建面向市场的质量保障和认证评估体系,同时还强调女性学员和其他弱势群体的职业培训问题,等等。目前该项目正处于第一阶段的推进过程中。类似的项目还有世界银行的 Strive 项

---

① Udaan.What Is Udaan[EB/OL]. http://udaan. nsdcindia. org/Home/Index. aspx.2018-08-22.

② Ministry of Skill Development and Entrepreneurship.National Policy on Skill Development and Entrepreneurship 2015 [EB/OL]. https://www. msde. gov. in/ National-Policy-2015. html.2018-08-14.

目、英国的 UKIERI 项目,等等。

三、职业教育与培训的质量保障体系

确保职业教育培训的质量是提升学员技能习得水平,实现个人就业的基础,也是进一步完善职业技术教育与培训体系的应然之意。对此,印度政府在资格准入、教育与培训过程和结果评估三个方面都采取了一些积极举措。

从资格准入来看,印度政府一方面通过政策文件的形式,明确了各阶段职业教育与培训的学员准入资格、师资聘任条件以及不同类型的职业培训机构的基本要求,另一方面还成立了相应的机构或委员会。比如国家技能发展公司发布的《培训伙伴质量保障指南》,就明确提出教员除了要具备行业技能委员会认证的培训师资格以外,还必须在良好的沟通、当地语言的掌握等软技能方面符合要求。[①] 对于新建一所工业培训机构,印度政府也从资格标准、申报程序等方面以政策文件的形式加以规范,并且由行业技能委员会定期进行再审查,以确保职业教育与培训机构在配套设施方面满足培训的现实需求。[②]

从教育与培训的过程来看,学校职业教育主要是由全印技术教育委员会、国家职业教育委员会和中等教育局予以监管,而职业培训的日常管理和运行则是由邦政府负责。但是所有职业课程的内容都是严格按照行业技能委员会(SSC)主导研发的国家职业标准(NOSs)及其配套的职业资格包(QPs)的相关内容来安排的,确保教育与培训的质量以及一致性。此外,在职业培训体系中,国家技能发展公司还协调各领域的行业技能委员会,采用 QPs 提供的方法、材料等开发了示范性模板课程,创建了超过220 个 QPs 对应的技能知识内容,并采用线上共享的方式加以推广;[③]为了学生的全面发展,国家技能发展公司还制定了基于特定工作岗位的学

---

① National Skill Development Corporation. Quality Guidelines for NSDC Training Partners[EB/OL].https://www.nsdcindia.org/quality-assurance-0. 2018-08-30.

② Directorate General of Training. How to establish a new ITI[EB/OL]. http://www.dget.nic.in/content/institute/how-to-establish-a-new-iti.php.2018-08-22.

③ National Skill Development Corporation. Quality Assurance[EB/OL]. https://www.nsdcindia.org/quality-assurance-0. 2018-08-30.

员手册,以模块的形式帮助学生规划并记录学生参与学习的全过程,并辅之以形成性评价,提升教育与培训的质量。

从结果评估来看,其主要是学习成果的考核与评估。学生就业除了要求通过学业考试,还要取得与岗位对应的国家资格证书。于前者而言,一般由学校自主开展或由中等教育局下设的考试管理科负责,通过考试可取得相应的学历/学位证书;于后者而言,则是由学校董事会、行业技能委员会以及第三方专业认证机构基于国家技能资格标准(NSQF)的相关要求进行认证和评估,并按规范颁发资格证书。其中,国家技能资格标准由印度国家技能发展理事会负责研发,并代替传统的国家职业资格框架(NVQF),按照知识与技能的复杂程度将学员的技能水平划分为10个等级,并就每个等级给出了包括过程需要、专业知识、专业技能等方面的描述性定义,为职业培训人才培养的质量目标厘定了标准。目前该资格框架正在推广过程中,预计于2018年年底全面覆盖印度各级各类教育与培训机构。[①]

第四节　印度职业教育发展特征与未来趋势

一、印度职业教育与培训的发展特征

通过对印度职业教育节点性政策以及发展现状的梳理,可以发现,从殖民时的发轫、独立后的初成与确立,到新世纪以来的不断完善,印度职业教育在国家政策的推动下不断走向法制化、自由化、信息化、国际化和全民化。

1. 制度应时:从无序到有序,治理趋于法制化

梳理印度职业教育政策的发展历程,其见证了职业教育从发轫到完

---

① Ministry of Skill Development and Entrepreneurship.National Skills Qualifications Framework（NSQF）[EB/OL].https://www.msde.gov.in/nsqf.html.2018-08-30.

善、从无序到有序的全过程。具体而言,殖民时期的《伍德—艾伯特报告》仅提出发展职业教育的几项举措;独立后的《中等教育委员会报告》开始尝试架构职普分流的双轨教育体系;《教育委员会报告》提出尝试"10+2+3"的教育体制,提出中等教育职业化的概念,并建立全印技术教育委员会,作为早期技术教育的管理部门;《国家教育政策》则进一步确立了中等教育职业化的职普分流机制,也进一步确立了中等教育委员会和全印技术教育委员会对职业教育发展的指导和管理的责任。新世纪以来的《框架》和《国家技能发展与创业政策》等政策,更是关注到了职业教育的质量保障、管理体制等领域,不断规范着职业教育体系的有序发展。而这些政策的发布与阶段性的经济发展对技术人才需求的规模和质量要求是相一致的,充分体现了制度应时的特点。此外,自《教育委员会报告》提出职业教育发展要加强立法保障以来,印度陆续出台了《学徒法》和《全印技术教育委员会法案》,进一步增强了职业教育管理的法制化,为职业教育发展提供了坚实的保障。

2. 学历高移:从少数到多数,对象趋于全民化

受殖民时期英国精英教育理念与印度种姓制度影响,英政府创办的多数职校主要招收社会上层人士的子女,仅部分学生来自社会底层家庭。印度独立后,《教育委员会报告》首次提出应注重女性职业教育,而后发展至今,《国家技能发展与创业政策》更是强调要重视对女性、残疾人士、农村地区人口等边缘群体的职业教育。并且在发展过程中,印度职业教育的招生制度相对多元,其形式包括全国统一招生、各邦及高校的自主招生考试,对于一些参与非正规教育的学生,则可以通过先前的学习认证授予其相应的技能资格证书,他们同样可以继续参与到学历教育与培训中来,教育对象逐渐趋于全民化。此外,自 1986 年《国家教育政策》发布以来,印度政府一直致力于普职融通的桥梁搭建,国家职业资格框架的建立以及最新的技能资格框架的出台,更是架构了普职双向流动的路径,打破了职业教育的终结性,为职业教育学生提供了学历晋升渠道,使其有机会进一步深造。

3. 多元合作:从强制到民主,办学趋于自由化

就办学而言,殖民时期印度的职业教育归属英政府主管,邦政府的权

力十分有限,且基本按照当时英国大学的办学类型创立学校制度,职业教育人才培养模式单一且狭隘。印度独立后,《中等教育委员会报告》提出以立法的形式(详见 1961 年《学徒法》)规定工厂参与职业教育的职责,规定职校办学应与工厂临近等。随后《教育委员会报告》又强调普通教育需要开设职业课程,并以工读结合的形式开展职业培训,或通过函授、短期集训等进行技术教育。《国家教育政策》进一步强调要让企业参与办学、课程开发等,凸显出政府对社会力量办学的认可。到 21 世纪,面对巨大的技术人才需求,培养与产业界需求相符合的技术人才成为职业教育改革的重要方向。中央政府也将职业教育办学的权限下放到地方当局,鼓励各地充分利用各方资源,与行业企业、民间组织等合作,丰富职业教育的办学类型。这从《国家技能发展与创业政策》中专设国家技能发展公司,支持私立职业培训机构的发展便可窥见一斑。截至目前,印度职业教育办学机构不仅有政府设立的工业培训机构、综合技术学校、中央培训机构等,行业企业、非政府组织、民间组织和以营利为目的的个人也参与职业教育办学,逐步形成了纵向的中央和邦政府分权管理与横向的公私机构多元合作相结合的发展模式。

4. 对口透明:从滞塞到数据,内容趋于信息化

印度的职业教育信息化与其信息技术水平的发展息息相关。因此,长期以来,印度职业教育的政策内容几乎未曾涉及信息化发展的要求。直到 20 世纪 90 年代末,全球化、智能化时代悄然而至,印度的 IT 行业开始迅速崛起并走向世界。在此背景下,印度的职业教育信息化也得以快速发展,并主要体现在课程内容的信息化及技术手段的信息化两方面。于前者,面对行业企业对职业教育人才培养层次和类型的日益复杂化、多样化,职业教育势必要在课程中融合更为多元的知识,整合来自不同领域的需求信息,创建动态的、需求驱动的课程框架,使其与未来的职业生活相一致。于后者,随着 IT 技术的不断提高,印度职业教育体系建设也趋于数据化发展。在《国家技能发展与创业政策》中,印度政府就准备建立一个全国性的劳动力市场信息数据库,包括熟练劳动力统计、各类劳动力需求市场趋势、各利益相关者的信息等,作为国家监管技能发展的信息系统。

5. 跨界发展:从封闭到开放,形式趋于国际化

印度职业教育在应时制度的推动下,在政策开放与人才培养两个方

面日益打破空间局限,呈现国际化发展特点。在政策开放方面,独立前,印度职业教育主要学习以英国为代表的欧洲教育模式;独立后,《教育委员会报告》鼓励开设高级研究中心与部分国际水平的工程学院,1968 年的《国家教育政策》更是首次从政策上为高等教育国际化制定规范,并参照麻省理工学院成立印度理工学院。1986 年的《国家教育政策》推出后,印度同苏联、美国、德国等国的知名大学、教育机构等开展师生互换、合作研究及合办工学院等;也接受联合国教科文组织、世界银行等提供的技术援助。进入新世纪以后,印度政府开始将国际化发展理念渗透至更多领域:一是在《框架》中,以国际化标准设置职业教育等级,便于在学历认证方面与国际社会接轨;二是在《国家技能发展与创业政策》中,除了继续强调在工程技术学院方面的合作,还注重国际化技能人才的培养,将国际技能培养项目作为政府重点项目予以推进,旨在为有意向赴境外就业的青年提供专门的职业技术培训。由此,印度政府一方面从政策规范上强调形成更加开放的职业教育体系,另一方面还将国际化人才培训付诸实践,培养学生的全球就业能力。

二、印度职业教育与培训的未来趋势

来自印度国家技能发展理事会的一项调查显示:到 2022 年,印度 24 个主要行业的技能人才缺口将多达 1.0973 亿。① 因此,大力开展职业技术教育与培训已然成为当今印度政府战略规划的重点内容。

1. 更加注重大力发展职业教育,培养大量技能人才

从人口年龄分布来看,印度作为世界上最年轻的国家之一,拥有极为显著的人口红利。据统计,其 25 岁以下的人口占比已逾 54%,处于工作年龄阶段(15~59 岁)的人口占比也超过了 62%。且在未来 20 年内,印度的人口总数仍将有 32% 的增长率;②但与巨大的人口红利不相一致的

---

① Ministry of Skill Development and Entrepreneurship.National Policy on Skill Development and Entrepreneurship 2015 [EB/OL]. https://www.msde.gov.in/National-Policy-2015.html.2018-08-14.

② Ministry of Skill Development and Entrepreneurship.National Skill Development Mission[EB/OL].https://www.msde.gov.in/nationalskillmission.html.2018-08-17.

是,当前印度劳动力接受职业培训的机会寥寥。有数据显示,仅有 2.3%
的劳动力曾接受过正规的职业技能培训。[1] 此外,从劳动力就业结构来
看,据第 66 轮和第 68 轮国家抽样调查办公室(NSSO)的调研数据,目前
印度劳动力总数约为 4.87 亿人,除去接受高等教育的部分,大约还有
4.504 亿人。其中,近 57% 集中在非农业部门。在这近 57% 的劳动力
中,最多只有 5.4% 的人将参与正规职业技能培训,仍有约 2.43 亿人亟
须解决其培训就业问题。[2] 因此,未来的印度政府将加大对职业教育与
培训的投入力度,尤其是工业领域的技术人才培养。为此,通过国家劳动
力信息数据库进行更加具体的技能供需趋势分析,有利于形成更具针对
性的教育与培训方案。

2. 更加注重推广技能资格框架,完善质量保障体系

随着印度职普融通的进一步深化,印度普通教育、职业教育和职业培
训之间的横向和纵向流动将更加多元化。而国家技能资格框架中设置的
学分积累和转换路径作为不同教育层级与类型之间的桥梁,在沟通产业
界与教育界,以及在教育内部实现各级各类教育之间水平和垂直流动与
衔接的过程中发挥着关键作用。因此,当前印度政府正面向全国范围内
推广该资格框架。第一,借助政府的强制性手段予以支持。如在财政部
下发的关于国家技能资格框架相关事宜中明确指出,符合该框架条件的
教育与培训项目可优先获得政府资助;所有政府资助的教育和培训机构
都需要采用按照该框架相关指标开发的课程内容;截至 2018 年年底要求
所有教育与培训机构纳入该框架体系中。第二,关注私立教育与培训机
构的发展需求,为其有能力参与国家技能资格框架的评估与认证提供支
持;第三,更新用工单位的人才招聘标准,修订印度公共部门、企业等的招
聘规则,以确保招聘标准与国家技能资格框架指标相一致。[3] 由此,继续

---

① The World Bank. Skilling India[EB/OL]. http://www.worldbank.org/en/
news/feature/2017/06/23/skilling-india.2018-08-15.

② Ministry of Skill Development and Entrepreneurship.National Policy on Skill
Development and Entrepreneurship 2015 [EB/OL]. https://www.msde.gov.in/
National-Policy-2015.html.2018-08-14.

③ Ministry of Skill Development and Entrepreneurship.National Skills Qualifications
Framework (NSQF)[EB/OL].https://www.msde.gov.in/nsqf.html.2018-08-31.

深化国家技能资格框架在全国范围内的覆盖,是未来印度教育界和产业界的重点工程。

3. 更加注重渗透国家教育公平,增加全民就业机会

根据《国家技能发展与创业政策》的发展目标,印度旨在建立一个可以让所有人通过正规或非正规的学习,凭借可信的认证、学分积累等获得技能增长的生态环境,尤其是更加关注妇女、残疾人、贫困地区人口等社会弱势群体的参与。以女性教育为例,根据 2017 年的印度人口普查数据,女性约占总人口的 48.2%,[①]拥有非常可观的人力资源开发潜力。对此,印度政府高度重视面向妇女的职业教育与培训,以提升女性的劳动就业机会。第一,创新教育和培训的教学形式,采用流动培训、业余培训等更加适合当地妇女参与的形式开展教育与培训活动,为女性预留更多的工匠和学徒培训名额,并辅之以激励机制;第二,根据女性就业特点,为其更多地开设生活技能类和扫盲培训课程,增设专门面向女性的教育与培训机构;第三,更加关注女性劳动者的权益保护,如女性安全问题、同工同酬问题、投诉机制问题等;第四,试图建立一个专门服务于女性就业的交流平台,重点关注失业女性的再就业问题。[②]

4. 更加注重信息化平台的建设,数据公开,鼓励创业

随着教育信息化水平的不断提升,印度正致力于职业教育大数据网络信息平台建设,以提升技能生态系统的科学性和智能性。其一,建立全国劳动力市场信息系统(LMIS),并设立国家技能发展研究所(NSRD),统计全国的技能发展项目信息,根据教育培训与劳动力市场的动态发展,形成技术人才供需报告;其二,创建技能发展网络平台,提供各个行业领域的网络课程(MOOC)和虚拟教室,形成在线课程资源库,以供培训机构或学员参考学习。此外,印度政府试图借助信息化手段推动创业教育发展,一方面,着手建立一个覆盖整个创业生态系统的网络平台(平台用户

---

① The World Bank. India[EB/OL]. https://data. worldbank. org. cn/indicator/SL.TLF.TOTL.IN? end=2017&start=2007.2018-07-26.

② Ministry of Skill Development and Entrepreneurship.National Policy on Skill Development and Entrepreneurship 2015 [EB/OL]. https://www. msde. gov. in/National-Policy-2015. html.2018-08-31.

包括学生、青年企业家、创业导师、创业孵化园区、创业资助机构等),定期发布政府的最新创业政策、支持项目和企业家信息手册等;另一方面,还协同创业教育专家,制定高质量的创业教育课程,并通过在线学习和体验式学习相结合的方式,提供给有志创业的群体自由选择。①

5. 更加注重国际化的发展走向,顺应全球市场需要

从人才培养的角度来看,目前,人口老龄化已然成为当今世界面临的主要问题之一。据美国人口普查局估计,到 2022 年,美国、英国和中国技术工人缺口将高达 1700 万、200 万和 1000 万,但印度处于工作年龄阶段(19～59 岁)的劳动力预计将有 4700 万的富余。② 因此,在市场的驱动下,印度有潜力在国际劳动力输出方面有所作为。但是,目前印度赴境外劳动力的就业情况并不尽如人意。有数据显示,目前印度赴海外就业人口约为 1400 万人次,但有 70%的人口都是无技能或半熟练的劳工,只能从事一些技术含量较低的工种,难以满足全球市场的需求。③ 从职业教育本身的发展来看,更加主动地参与国际交流与合作也是职业教育国际化的应然之意,有利于推动印度职业教育与国际接轨,并在国际教育舞台占据一席之地。综合来看,更加关注职业教育与培训的国际化发展必然会成为未来印度政府发展国民教育的重点方向之一。

① Ministry of Skill Development and Entrepreneurship.National Policy on Skill Development and Entrepreneurship 2015 [EB/OL]. https://www. msde. gov. in/National-Policy-2015. html.2018-08-31.

② United States Census Bureau. Foreign Trade-U. S. Trade with United Kingdom&Foreign Trade-U. S. Trade with China-Census. gov [EB/OL]. https://census. gov/search-results. html? q = England + China&page = 1&stateGeo = none&searchtype=web&cssp=SERP&_charset_=UTF-8. 2018-08-31.

③ National Skill Development Corporation. International Country Specific Orientation Skill (Pre-Departure Orientation Training) [EB/OL]. https://www. nsdcindia.org/sites/default/files/files/PDOT-TOT.pdf.2018-08-24.

第二章 尼泊尔职业教育

第一节 尼泊尔经济社会发展概况

尼泊尔,南亚山区内陆国家之一,位于喜马拉雅山脉南麓,北与我国西藏自治区相接,其余三面与印度接壤。尼泊尔地势高峻,素有"山国"之称,国土面积147181平方公里,其中山地占国土面积的3/4以上,海拔900米以上的土地约占全国总面积的1/2。尼泊尔是一个多民族聚居的国家,主要有巴浑、切特里、尼瓦尔、古隆、马嘉、拉伊、林布、塔芒、博特亚、夏尔巴、塔鲁等30多个民族。截至2016年,尼泊尔人口总数为2898.3万人,人口年增长率为1.13%。

一、尼泊尔经济与产业发展

尼泊尔是世界上最不发达国家之一,2017年全国GDP为244.72亿美元,人均GDP为835美元。2015年,农业在GDP中占33%,工业在GDP中占15.4%,服务业在GDP中占51.6%,2013—2015年这三年三次产业占比基本保持一致。(见表2-1)

表2-1　尼泊尔2013—2015年三次产业增加值及占GDP比重情况

	2013年		2014年		2015年	
	增加值 (现价美元)	占GDP比 重(%)	增加值 (现价美元)	占GDP比 重(%)	增加值 (现价美元)	占GDP比 重(%)
农业	6115676287	35.04	5996519829	33.81	6232784458	33.01
工业	2745077848	15.74	2740283767	15.45	2916295713	15.44
服务业	8590127321	49.22	8999705241	50.74	9736273650	51.55

资料来源:世界银行数据库数据。

尼泊尔是一个农业大国,农业人口占总人口的 70%,耕地面积为 325.1 万公顷,主要种植大米、甘蔗、茶叶和烟草等农作物,粮食自给率达 97%。尼泊尔工业起步较晚(1980 年前几乎没有现代工业),基础薄弱,生产规模小,机械化水平低,发展缓慢,企业主要是私营小型企业,其中又以分散的家庭传统手工作坊为主。工业按行业划分为制造工业、以能源为基础的工业、矿产工业和建筑业,其中制造业(指商品、半成品和副产品的生产)门类很少,主要是食品、饮料、烟草、纺织品、皮制品、鞋、木制品、纸和纸制品、化工产品、橡塑产品、塑料产品、建材、铁制品、工具设备和电器等,产品主要是棉纺织品、化纤纺织品、黄麻制品、面条、饼干点心、茶、糖、啤酒、饮料、烟草、鞋、胶合板、肥皂、火柴、水泥、砖瓦、钢铁材料以及农用工具等。2004—2005 财年中,制造业占 GDP 比重为 7.72%;能源工业(指利用水利、风、太阳能、煤和石油天然气发电)以水力发电为主,另有部分柴油发电和少量太阳能发电,占 GDP 比重为 2.37%;地矿工业(指采矿和加工)为非优势产业,仅占 GDP 的 0.2%~0.5%,开采的矿产基本上用来满足国内需要。从 2000—2001 财年至 2004—2005 财年,地矿业 GDP 分别为 19.24 亿、20.56 亿、21.88 亿、23.77 亿、26.15 亿卢比,增长率分别为 4.49%、1.55%、1.93%、0.53%、2.51%;建筑业主要包括道路、桥梁、缆车、铁路、有轨电车、隧道、天桥以及工、商、民用建筑的建设运营等,从 2000—2001 财年至 2004—2005 财年,建筑业 GDP 分别为 395.84 亿、422.90 亿、450.68 亿、490.33 亿、527.29 亿卢比,增长率分别为 0.87%、1.12%、1.79%、0.18%、−0.42%。

尼泊尔的主要贸易伙伴有印度、美国、中国、欧盟等,主要进口商品是煤、石油制品、羊毛、药品、机械、电器、化肥等,主要出口商品是蔬菜油、铜线、羊绒制品、地毯、成衣、皮革、农产品、手工艺品等。中国对尼出口商品主要有计算机通信技术产品、非针织钩边服装、塑料底鞋、仪器仪表等,从尼进口商品有皮革、金属制品、小麦粉、小电器等。近年来,中国企业对尼泊尔投资合作快速增长。截至 2017 年 1 月底,中国企业对尼直接投资存量已达 3.55 亿美元,投资额较大的中资企业已超过 30 家,涉及水电、航空、矿产、医疗等领域。过去 10 年,中尼双边贸易从 1.08 亿美元增长到 8.88 亿美元,增长了 7 倍。其间虽然受尼泊尔地震等因素影响,贸易额一度有所下降,但其后回升势头明显。2017 年 1 月,双边贸易额为 8504 万美元,同比增长 24%。尼泊尔政府有关负责人表示,中国现已成为尼

泊尔第一大直接外资来源国和第二大贸易伙伴,尼泊尔政府欢迎更多中国企业家在基础设施、电力、矿产、石油、现代化农业、旅游业等重点领域加大投资。

二、尼泊尔人口与教育发展

世界银行统计数据显示,截至 2016 年,尼泊尔人口总数为 2898.3 万人,其中男性 1406.4 万人,占比 48.52%,女性 1491.9 万人,占比51.48%;城镇人口 550.6 万人,农村人口 2347.7 万人,分别占人口总数的 18.995% 与 81.005%;0～14 岁的人口总数为 918.2 万人,占比31.68%,15～64 岁的人口总数为 1816.6 万人,占比 62.68%,65 岁和 65岁以上的人口为 163.5 万人,占比 5.64%。

2016 年,尼泊尔劳动力总数为 1643.6 万人,其中,男性与女性劳动力占比分别为 49.32% 与 50.68%;参工劳动力总数占 15 岁以上总人口的 83%,其中,男性参工劳动力占 15 岁以上男性人口的 86.72%,女性参工劳动力占 15 岁以上女性人口的 79.69%;失业人数占劳动力总数的3.21%,其中,男性失业人数占男性劳动力的比例为 3.61%,女性失业人数占女性劳动力的比例为 2.83%。

尼泊尔旧有教育体系分为五个阶段,其中 1～5 年级为小学,6～8 年级为初级中学,9～10 年级为中学,11～12 年级为高级中学,13～17 年级为高等教育。2009 年,尼泊尔政府发布《学校改革计划》[School Sector Reform Plan(2009—2015),SSRP],对教育体系进行了改革,将 1～8 年级划为基础教育,9～12 年级划为中学教育,13～17$^+$ 年级划为高等教育。数据显示,2016 年,尼泊尔各级各类学校机构规模为:幼儿学前教育机构36093 所,中小学校 35222 所,大学 9 所。小学入学率为 97.11%,中学入学率为 69.57%,高等院校入学率为 14.94%。

第二节　尼泊尔职业教育的发展历程

职业教育是减轻贫困和发展经济的重要法宝,技术的不断革新和经济变革正在使世界经济结构、工业及劳动力市场发生转变,这些转变对教育提出了要求:教育必须使工人获得新技能以满足经济增长的需求,必须满足人们不断扩大的知识需求。尼泊尔政府重视职业教育,不断出台新政策,以推动职业教育的发展。在经济发展与政策的推动下,尼泊尔职业教育历经萌芽期、探索期、形成期、初步发展期和持续发展期五个阶段,逐步向成熟期迈进。

一、职业教育萌芽期(1929—1960 年)

尼泊尔的艺术与手工艺历史悠久,在著名的艺术家阿尼克之后,又有多位艺术家(工匠)铸就了诸多辉煌,他们还克服种种挑战,成功地将艺能与技能传承给下一代。人们不断尝试通过培训活动传承技能,这些培训活动便是尼泊尔早期的非正式职业教育。1929 年,印度传统医学院(Aurvedic Vidyalaya)的成立,成为尼泊尔现代职业教育的先行尝试。[①]1956 年,第一份国家教育委员会报告——《尼泊尔教育》(Education in Nepal)发布,"建议高中学校应具有多重目的,要围绕培养青年人适应工作的知识和技能设置科目",并强调从 6 年级到 10 年级的学生学习的核心基础课、副业类课和职业培训类课三类课程要随着年级的提高将重心逐步从普通基础课程转向职业培训类课程,并进行学习安排。即随着年级的提高,核心基础课的占比不断降低,相应地,职业培训类课程占比不断增加。(如图 2-1 所示)[②]这是尼泊尔国家层面出台的第一份涉及职业教育的政策,标志着尼泊尔职业教育的萌芽。

国家教育委员会报告——《尼泊尔教育》作为尼泊尔职业教育萌芽阶段的一份政策报告,其政策导向突出了两个方面的特点:一是丰富中学教育的功能,将培养青年具备适应工作的知识和技能的教育功能赋予了中

---

① Mr. Saurav R. Joshi. Council for Technical and Vocational Training(CTEVT): Reflecting the Past, Perpetuating the Present and Directing the Future[J]. Technical and Vocational Education and Training Development Journal,2014(1).

② The Nepal National Education Planning Commission. Report of the Nepal National Education Planning Commission Education in Nepal[EB/OL]. http://moe. gov. np/article/188/report-of-the-nepal-national-education-planning-commission-2011-bs-1. html. 2017-11-20.

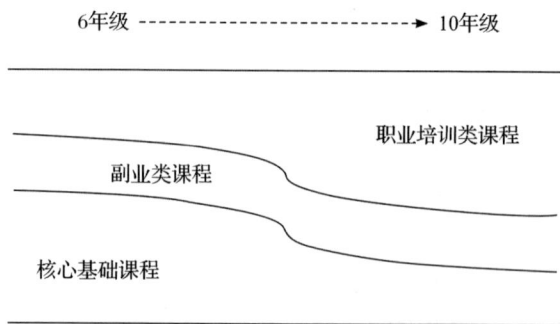

图 2-1　三种类型课程随年级的比重调整

资料来源：The Nepal National Education Planning Commission. Report of the Nepal National Education Planning Commission Education in Nepal〔EB/OL〕. http://moe. gov. np/article/188/report-of-the-nepal-national-education-planning-commission-2011-bs-1. html.2017-10-19.

等学校；二是逐步树立起发展职业教育的理念与意识，将职业化的科目设置于普通中学，将职业教育与普通教育相融合。

二、职业教育探索期(1961—1980 年)

20 世纪 60 年代，在美国国际开发署(USAID)的财政与技术支持下，尼泊尔的许多中学转型为多功能综合性中学，一批多功能综合性中学相继成立，中学开设职业类科目盛行一时，开设的科目主要有农业、商贸、工业、家政、秘书等。同时，尼泊尔政府也大力倡导将职业教育融入普通教育的 6～10 年级(初中和高中阶段)，以便此阶段的学生掌握基础职业知识与技能。随着教育部(MOE)的成立，20 世纪 60 年代尼泊尔先后建立了 29 所多功能综合性中学。1967 年，为了培训多功能综合性中学的职教师资，国家职业培训中心(National Vocational Training Center，NVTC)成立，同时也承担学生在工业、农业、家政等各行业领域基本技能的培养。20 世纪 60 年代，这种普通教育与职业教育互动分流与双向回归的教育举措促成了社会对职业技术教育的高度认可，但随着美国国际开发署(USAID)支持的撤回和尼泊尔新教育制度的出台，这种形式的职业教育探索于 20 世纪 70 年代初期终止。

1971 年，《国家教育体系计划》(The National Education System Plan for 1971—1976，NESP)出台，提出将职业教育作为中学教育的一个组成

部分,并尝试将职业教育贯穿于所有中等学校的教学中,要求无论学校种类与所处位置如何,每所学校至少开设一门职业课程,农学、家禽、畜牧、会计、文秘、家政等科目进入中学课堂。在普通中学中,职业类课程学分占 20％;而在职业学校中,职业类课程学分占 40％。[①] 之后因学校未能提供学生和市场所需的职业技能,教育质量不高,导致普通中学毕业生无法与职业学校毕业生竞争,此种形式的职业教育探索便遇到了挑战。经过近 20 年的职业教育探索发展,尼泊尔政府意识到应该给予学生更深层次的技能教育,以便学生在劳动力市场上更易就业,因此,在 1979 年,政府将多功能综合性中学改为职业学校,职业教育逐步从专业科目发展为专业学校,为进入新的发展阶段奠定了基础。

以 1971 年《国家教育体系计划》的发布为标志,尼泊尔职业教育探索期的政策导向突出的特点为:一是将职业教育与社会生产联系起来,不断提高社会对职业教育的认知度;二是将职业教育全面贯穿于中等学校的教学中,扩大并提高了职业教育的地位与作用。

三、职业教育形成期(1981—1990 年)

1981 年,《国家教育体系计划》(NESP)被正式取消。1982 年,朱姆拉格尔纳利技术学校(Karnali Technical School in Jumla)在国家教育委员会的支持下建立,成为尼泊尔第一所技术学校,现代技术学校体系开始形成。至 1994 年,尼泊尔先后共有巴拉珠工程与技术学院(Balaju School of Engineering and Technology)等 8 所技术学校[②]改建或成立。1982

---

① Ministry of Education. The National Education System Plan for 1971—76 [EB/OL]. http://moe. gov. np/article/185/the-national-education-system-plan-for-1971％E2％80％9076. html.2017-10-18.

② 注:这 8 所技术学校分别为朱姆拉格尔纳利技术学校(Karnali Technical School in Jumla)、巴拉珠工程与技术学院(Balaju School of Engineering and Technology)、丹库塔 Uttarpani 技术学校(Uttarpani Technical School in Dhankuta)、希拉哈 Lahan 技术学校(Lahan Technical School in Siraha)、多拉卡吉里技术学校(Jiri Technical School in Dolakha)、勒利德布尔技术学校(Lalitpur Technical School in Lalitpur)、勒利德布尔 Khumbeshwor 技术学校(Khumbeshwor Technical School in Lalitpur)和巴克塔普尔区 Sanothimi 技术学校(Sanothimi Technical School in Bhaktapur District)。

年,技术与职业教育委员会(Technical and Vocational Education Committee)成立,负责管理技工学校。其后,教育与文化部下属的技术与职业教育理事会成立(Directorate of Technical and Vocational Education,DTVE),负责协调技工学校的职业培训活动、课程设计、考试实施和学生认证等工作。鉴于国家对初级和中级技能人才的需求,国家教育委员会提出建立一个与普通教育平行的教育系统,因而成立了专门的职业技术教育与培训部门。由此,1988 年,《技术教育与职业培训理事会法案》(Council For Technical Education And Vocational Training Act)颁布(注:该法案先后于 1993、2002、2006、2010 年修订)。1989 年,技术教育与职业培训理事会(Council For Technical Education And Vocational Training,CTEVT)(以下简称 CTEVT)正式成立。至此,CTEVT 成为国家职业教育与培训的政策制定和协调的主体,同时也是项目协调、发展和壮大职业教育以及职业教育质量保障的主体。①

1988 年,《技术教育与职业培训理事会法案》的颁布为尼泊尔职业教育的发展开启了新纪元。技术教育与职业培训理事会的成立,成为尼泊尔职业教育发展史上的重要里程碑,标志着尼泊尔职业教育有了独立的管理主体,地位与作用得到了进一步的明确与提升,是职业教育形成的重要历史事件。

四、职业教育初步发展期(1991—2006 年)

自 1989 年 CTEVT 成立后,尼泊尔职业教育逐渐步入正轨,相应的政策文件日益丰富,政府对职业教育的重视程度逐渐提升。1992 年的国家教育委员会报告明确了开展技术与职业教育与培训的机构,主要有 CTEVT 管辖下的技术学校与培训中心、特里布文大学(Tribhuvan University)下属的科技学院、家庭和乡村工业部门的培训中心、劳动部的劳工供应中心、其他行政部门下设的培训机构(涉及旅游、交通、土地改革与管理、林业、地方发展、健康等部门)及部分私立机构等。鉴于技术与职业教育仍存在其在国家教育体系中的地位尚未确立,课程、学制、培训认

---

① CTEVT.CTEVT Act[EB/OL]. http://ctevt.org.np/page.php? page = 2.2017-07-06.

定标准及认证过程均未统一,劳动力市场调查与分析不足,职业教育与劳动力市场间存在不和谐等问题,报告从目标、结构、范畴、政策取向、组织与管理、课程与教材、协调、标准与认定、资源统筹等方面对技术与职业教育提出了较为详细的建议。[①] 1998 年,国家规划委员会(National Planning Commission,NPC)发布了《"九五"规划(1997—2002)》[The Ninth Plan (1997—2002)],提出"九五"阶段教育发展的主要目标、具体政策与实施项目,其中,关于职业教育的目标有:(1)在全国范围内发展技能、知识和信息素养;(2)在地方(县、村)层级提供技术与职业教育机会以培养初级、中级技能人力资源;(3)加强高层次职业技术教育以开发和提供高技能人力资源。具体的政策包括:(1)为促进技术、职业和技能的发展,开发以就业为导向的教育体系,并在中学(9~10 年级)和高中(11~12 年级)实施;同时,建立中等专业学校(Polytechnic schools)以培养初级和中级技能人才,并将为此开发相应的课程;(2)建立农业、林业及其他技术大学(Technical Universities),为国家发展培养高级技术技能人才;(3)开展技术和职业教育的研究,并建立适当的机制以转化与应用研究成果。具体的项目有:(1)技术学校至少培养 5000 名熟练人才,并为 2 万人提供各类技能培训;(2)与各类非政府组织合作开展各种短期培训;(3)CTEVT 不断更新相关政策,以促进项目与计划的有效实施。

2003 年,国家规划委员会发布《"十五"规划(2002—2006)》[The Tenth Plan (2002—2006)],强调发展技术与职业教育是人力资源开发的重要策略,并在教育政策中明确提出要大力发展技术与职业教育。其要求扩大附属机构职业项目的开展,以提高人们接受技术教育与职业培训的机会;鼓励地方选举机构和私营部门积极参与;建立两所技术机构(Technical Institutions)与两所多科性院校(Poly-technical Colleges);在全国每县一所学校,共 75 个公立社区中学(Community schools)开展额外的附加项目(Annex Programmes),提供中等技能导向的教育。[②] 同年,《教育面向人人——教育行动计划(2001—2005)》[Education For

---

① National Education Commission. Report of the National education commissions, 1992[EB/OL]. http://www.moe.gov.np/article/182/report-of-the-national-education-commission-1992. html. 2017-10-23.

② National Planning Commission(2003). The tenth plan 2002—2007(in Nepali). HMG/Nepal, National Planning Commission, Kathmandu: Author. P457.

All——National Plan Of Action(2001—2005),EFA]发布,在目标中提出"确保所有青年和成人能够公平接受与生活技能相关项目的学习,以满足其学习需求"。其具体提出了一系列措施,如:(1)进行课程改革,使课程与生活更加贴近,更加实用;(2)针对有意进入劳动力市场的中学生开展技术与职业教育和培训;(3)为成人开发家庭手工业、家庭实用技能等灵活的、市场导向的培训方案;(4)为辍学青少年开发特殊培训项目。①

2006 年,国家规划委员会发布《中长期规划》(Interim Plan),其中关于职业教育的愿景描述为:"向青年和边缘群体提供职业教育,使其活跃于经济发展活动中,以减少贫困和促进社会公平。"具体的发展举措是取消原有高中教育的概念,建立新的教育体系,将中学教育分为普通教育与职业教育。具体的职业教育发展方案有:(1)开发普通教育与职业教育双向融通的系统,便于学生多样化选择;(2)针对低等种姓或族裔群体,制定与实施以创收为导向的职业培训项目;(3)基于企业(私营机构)需求,制定多样化的职业培训计划;(4)将职业教育纳入更高层次的教育范围;(5)实施技能测试方案以促进本土技能的发展等。② 国家规划委员会的《中长期规划》再次明确与稳定了职业教育在尼泊尔国家教育体系中的地位,为职业教育的可持续发展奠定了坚实的基础。

进入初步发展期的尼泊尔职业教育,发展政策逐步丰富,先后有国家教育委员会报告、国家规划委员会的"九五"规划等多份政策文件对职业教育发展提出了规划与建议。此阶段的政策导向重点体现为:一是强调发展职业教育是人力资源开发的重要策略,首次明确提出要大力发展职业教育;二是强调职业教育促进社会公平的作用,提出向青年和边缘群体提供职业教育;三是较为系统地对职业教育内部要素的发展做了规划与建议。

---

① Ministry of Education and Sports.Education for All——National Plan of Action Nepal〔EB/OL〕. http://moe. gov. np/article/175/education-for-all-national-plan-of-action-nepal-2001-2015. html.2017-08-23

② Takayoshi Kusago,Kamal Phuyal.TVET and Secondary School Education in Nepal:A Case Study of Hetauda,Makwanpur〔EB/OL〕.https://www. researchgate. net/publication/265068314. 2017-09-01.

五、职业教育持续发展期(2007 至今)

2007 年,《技术与职业教育与培训发展政策》(TEVT Skill Development Policy)出台,提出了技术与职业教育和培训发展的五大目标,分别是:(1)拓展性:扩大与拓展培训机会和服务领域;(2)机会与公平:使所有需要培训的公民均有机会接受职业教育与培训;(3)系统性:将各种教育与培训形式和提供者整合为统一的教育体系;(4)相关性:教育培训内容和结果与经济发展需求相一致;(5)可持续资金:确保有充足可持续的财政支持环境,促使技术教育与培训市场快速发展。① 同年,《尼泊尔学校教育国家课程框架》(National Curriculum Framework for School Education in Nepal)颁布,提出了课程的政策与准则,课程开发的基本原则、目标,学生考核评价及评估政策等重要内容。其中,9~12 年级的职业教育课程主要在农业、林业、医学、工程等四个领域开设,具体有三类课程,分别是必修课、专业课和选修课。三类课程比重分别为:必修课与选修课占 40%;专业课占 60%。其中,尼泊尔语、英语、社会研究为必修课,学生可以选择必修课之外不同于专业课的任何一门课程作为选修课。②

2009 年,教育部出台《学校改革计划(2009—2015)》,提出技术与职业教育发展的目标与目的:让学生掌握就业技能,使毕业生快速从学校过渡到工作环境,为其在国内甚至是国际劳动力市场上寻求多种职业发展机会奠定基础;让中学阶段的学生获得职业教育软技能。其具体提出三个政策导向:(1)学校提供软技能课程和一些主要技术/职业领域的基础性课程,为学生提供多样化选择以满足其需求,以开放的方式拓展学生职业道路;(2)搭建职业教育与普通教育间纵横融通的桥梁,打通正规学习与非正规学习互通的渠道;(3)在国家的技术与职业教育和培训政策框架下,CTEVT 继续规划、实施及协调政府与机构开展职业教育活动。相应

---

① Decision of Council of Ministers.TEVT Skill Development Policy[EB/OL]. http://moe.gov.np/article/193/tevt-skill-development-policy-2064. html.2017-09-16.

② Ministry of Education and Sports.National Curriculum Framework for School Education in Nepal[EB/OL]. http://moe. gov. np/article/222/national-curriculum-framework-for-school-education-in-nepal-2008. html.2017-08-10.

的预期结果为:(1)将基本的生活技能与职业技能的相关内容整合到6~8年级课程中;(2)开发基于软技能的职业课程并应用于整个中学教育阶段;(3)在100所公立中学开设不同的技术/职业课程,进行试点示范建设。①

2012年,教育部对2007年的《技术与职业教育与培训发展政策》进行修订,出台了新的《技术与职业教育与培训政策》[Technical and Vocation Education and Training(TVET)Skills Policy],在宏观上从扩大发展、机会与公平、系统性、相关性、可持续资金五大关注点进行了进一步阐述,具体有三个目标:(1)进一步扩大TVET的参与机会,为广大公民建立公平与包容的学习途径,为经济发展提供能干、高效、具有竞争力的人力资源;(2)通过进一步对传统技能的鉴定、保护、推进与发展,力争提供与国内/国际劳动力市场(需求)接轨的、情境化的、有质量的职业教育;(3)通过与技术教育和培训提供机构的有效协调与统筹,最大化地利用教育教学资源与方式。2014年,CTEVT发布了《技术教育与培训战略规划(2014—2018)》[CTEVT Strategic Plan(2014—2018)],提出了"6E"计划,具体为:(1)扩大(Expand):扩大职业教育与培训项目,确保机会与公平;(2)确保(Ensure):确保优质、相关和有效的职业教育与培训体系;(3)加强(Enhance):加强CTEVT的管理效能与效率;(4)建立(Establish):建立国家职业资格框架,确保其与教育框架的兼容性与协调性;(5)增加(Extend):增加技术投入,建立职业教育与培训基金;(6)建立(Establish):与职业教育利益相关者建立有效的协调关系。②

2016年,继2009年《学校改革计划》(SSRP)后,教育部又出台了《学校发展计划(2016—2023)》[School Sector Development Plan(2016—2023),SSDP],旨在通过系列措施加强嵌入中学教育的职业教育,以培养合格的中等技术人力资源。为此,教育部继续加强中学阶段的职业教育,并建立更加广泛的国家职业资格框架(National Vocational Qualifications Framework,NVQF)。该计划提出的目标与战略为:通过人力资源开发教育与培训,使学生做好进入工作环境的准备;为在技术学

---

① Ministry of Education. School Sector Reform Plan（2009—2015）[EB/OL]. http://moe.gov.np/article/172/school-sector-reform-plan-2009-2015. html.2017-08-25.

② Council for Technical Education and Vocational Training（CTEVT）.CTEVT Strategic Plan(2014—2018)[EB/OL].http://ctevt.org.np/files/Final％20CTEVT％20Revised％20Strategic％20Plan.pdf.2017-05-15.

校和普通中学间转换的学生提供多样化选择与认可的学习途径；确保通过中学阶段的技术教育与培训，为青少年掌握系列技能奠定基础。同时，其从公平、质量与有效性等方面进行了较为详细的阐述。①

2007 年以来，尼泊尔从国家层面将职业教育的改革与发展提升到前所未有的高度，全面加快了职业教育发展壮大的步伐。尼泊尔职业教育持续发展阶段政策导向的重点为：一是加强机会与公平，使所有有需要的的公民均能接受职业教育；二是提高人才培养的质量与社会相关性，通过课程改革等举措加强人才培养的质量，提高学生就业效率；三是着手建立国家职业资格框架，搭建职业教育与普通教育及社会融通的桥梁，为学生发展提供多样化选择。

第三节　尼泊尔职业教育的发展现状

从 1929 年至今，尼泊尔职业教育走过了 80 余年，历经多次尝试与探索，积累了诸多经验。目前，尼泊尔职业教育的地位基本确立，体制较为完善，管理趋于规范，机构相对稳定，覆盖领域逐步扩大，体系正在建立，改革重点亦趋于集中。

一、范畴与框架：尼泊尔职业教育在现行教育体系中的位置

为了进一步提高教育与经济发展的相关性，尼泊尔教育部于 2009 年8 月出台《学校改革计划（2009—2015）》，提出重组教育体系，对原有的教育体系②进行调整，形成了一个较为综合与连贯的新教育体系。尼泊尔现行教育体系即为此体系。该体系主要包括三个阶段：基础教育阶段（1～8 年级）、中学教育阶段（9～12 年级）、高等教育阶段（13～17⁺）年级。

---

①　Ministry of Education. School Sector Development Plan（2016—2023）［EB/OL］.http：//moe.gov.np/article/772/ssdpfinaljuly-5-2017. html.2017-08-15.

②　注：尼泊尔原有教育体系（2009 年前）：小学教育（Primary）（1～5 年级）、初级中学（Lower Secondary）（6～8 年级）、中学（Secondary）（9～10 年级）、高级中学（Higher Secondary）（11～12 年级）、高等教育（Higher Education）（13～17 年级）。

其中,中学教育阶段又分为 9～10 年级与 11～12 年级两个子阶段。学生于 8 年级末参加基础教育阶段的期终考试,即县级考试(District Level Examination);10 年级末参加区级考试(Regional Level Examination),通过者获得 SLC 证书(Secondary Level Certificate);12 年级末参加国家级考试(National Level Examination),通过者获得高中证书(Higher Secondary Certificate)。[①]

尼泊尔正规的职业教育主要处于现行教育体系的中学教育阶段(9～12 年级),中学教育包括普通教育与职业教育两支分流。学生在 8 年级末考试通过后既可选择进入普通教育领域学习,也可选择进入职业教育领域学习。在职业教育领域,学生可接受两个层次的职业教育:第一层次是 9～10 年级,即学生在 8 年级末的考试通过后可选择进入职业技术学校,学习 2 年课程后于 10 年级末参加规定的考试,通过后获得 TSLC 证书(Technical School Leaving Certificate),可进入劳动力市场;第二层次是 11～12 年级,即学生通过 10 年级末的考试后,可选择进入职业技术学校继续进行 2～3 年(11～12/13 年级)更高层次的职业教育课程学习。(见图 2-2)

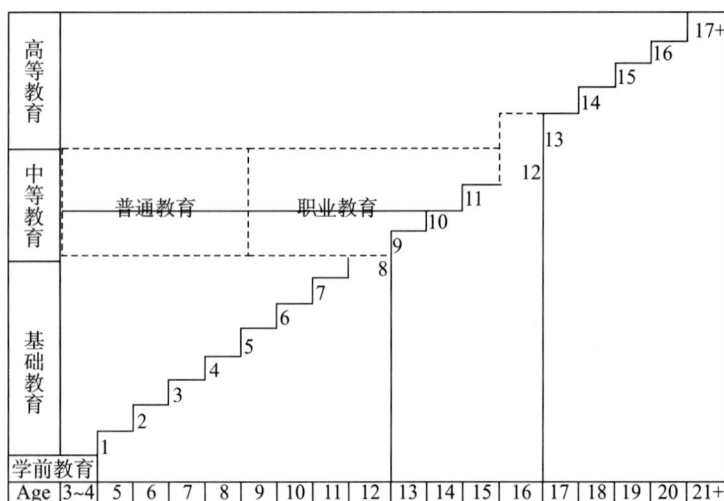

图 2-2　尼泊尔教育体系简图

资料来源:UNESCO. World Data on Education-Nepal〔EB/OL〕. http://www. doc88.com/p-0478327403968.html.2017-06-10.

---

① Ministry of Education. School Sector Reform Plan(2009—2015)〔EB/OL〕. http://moe.gov.np/article/172/school-sector-reform-plan-2009-2015.html.2017-08-25.

二、CTEVT:尼泊尔职业教育的管理机构

随着 1988 年《技术教育与职业培训理事会法案》的颁布,尼泊尔政府于 1989 年成立了技术教育与职业培训理事会(CTEVT),其为具有自主权的国家级职业技术教育的最高管理机构,负责为国家培养技术技能型人才。CTEVT 的愿景是"技能尼泊尔,促进人民繁荣"(Skilling Nepal for Peoples Prosperity);使命是"促进 TVET 发展,为国家/国际劳动力市场培养技能人才"①。

CTEVT 是由 24 名成员构成的技术教育与职业培训参议院(Senate)和由 9 名成员构成的技术教育与职业培训理事会(Council)组成的议会(Assembly),其中,理事会(Council)是议会的管理委员会(Governing Board),教育部部长同时担任议会(Assembly)和理事会(Council)的主席(Chairperson)。技术教育与职业培训参议院(Senate)的具体构成为:1 名主席(教育部部长或国务委员担任),22 名成员(1 名国家发改委员会成员、1 名公共服务委员会成员、1 名教育部代表、1 名工业部代表、1 名农业部代表、1 名劳动部代表、1 名旅游与民航部代表、1 名技术教育与职业培训理事会副主席、1 名特里布文大学校长、1 名尼泊尔商会和工业联合会主席、5 名由主席提名的科技大学代表、3 名由主席提名的职业教育领域代表、3 名由主席提名的工业企业单位代表及 1 名科技学院代表),1 名秘书(政府指定的技术教育与职业培训理事会内部成员)。技术教育与职业培训理事会(Council)的具体构成为:1 名理事长(教育部部长担任),1 名副理事长(尼泊尔政府提名人选),6 名成员(1 名发改委成员、1 名教育部成员、2 名由主席提名的职业教育领域代表、2 名与职业教育相关的其他机构代表),1 名秘书(政府指定的技术教育与职业培训理事会内部成员),其中副理事长与秘书均为专职人员。参议院和理事会所有成员的任期均为 4 年,可连任。

目前,CTEVT 主要下辖 9 个职能部门、3 个委员会(Board)。9 个职能部门分别是行政管理司(Administrative Division)、政策和规划司

---

① CTEVT. CTEVT Act［EB/OL］. http://ctevt. org. np/page. php? page = 2. 2017-07-06.

（Planning and Policy Formulation Division）、技能司（Technical Division）、研究与信息司（Research and Information Division）、理工司（Polytechnic Division）、课程开发司（Curriculum Development Division）、职业培训司（Vocational Training Division）、认证司（Accreditation Division）、公立中学技术教育司（Tech. Edu. in Community Schools Division）。其中，技能司负责管理技术学校（Technical Schools）、理工司负责管理理工学院（Polytechnic Institutes）、职业培训司负责管理职业培训中心（Vocational Training Centers）、公立中学技术教育司负责管理公立中学中的技术教育（Tech. Edu. In Community Schools）。3 个委员会分别是考试委员会（Examination Board）、国家技能鉴定委员会（National Skill Testing Board）、管理委员会（Management Board），分别管理考试控制办公室、国家技能检测机构和技术指导培训中心。此外，其还设有 TVET 拓展部、区域办公室、内部审计部和法律部。（见图 2-3）

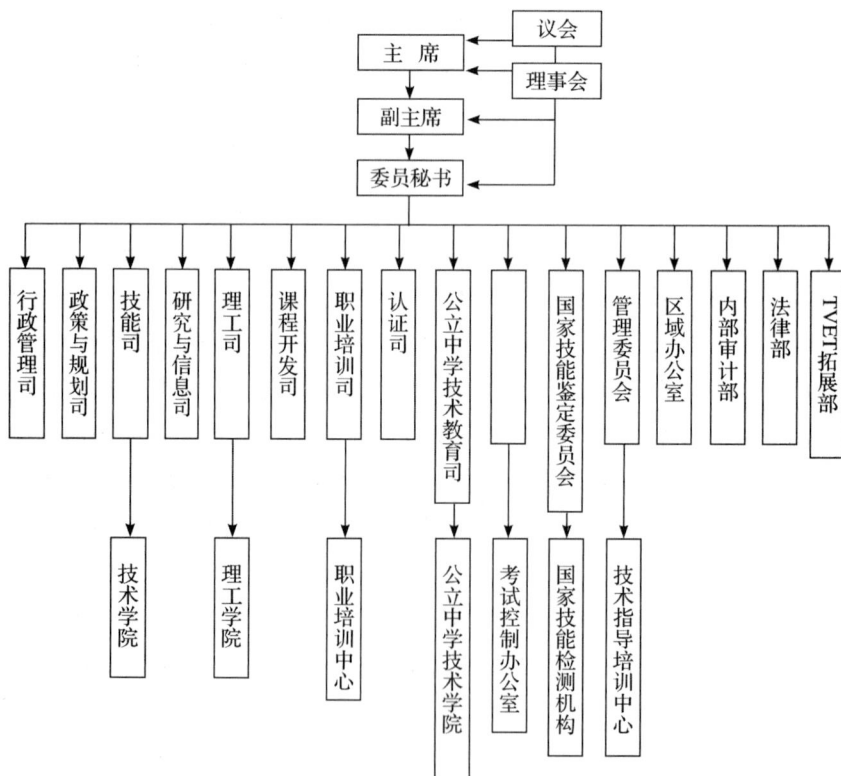

图 2-3　尼泊尔技术教育与培训理事会(CTEVT)组织框架图

CTEVT 的主要功能为政策制定、质量控制、能力课程开发、技能标准开发、技能检测开展、研究和培训需求评估等。具体职责包括:(1)向尼泊尔政府提供关于 TVET 的政策建议;(2)确定技术教育与培训方案的范围与标准;(3)安排和实施从基础层级到高等教育的 TVET 项目;(4)保持与国内外 TVET 机构的协调与联络;(5)认证政府、非政府组织及私立机构运行的项目与机构,并提供认证服务;(6)协调和维护提供训练课程标准和教材;(7)通过提供课程与教学资料协调和维护培训标准;(8)监督与管理政府或非政府组织的 TVET 项目活动;(9)适当安排实施理工学院、短期职业培训、学徒培训和流动培训项目;(10)建立与运行各级技能培训项目与课程,通过技术学校、流动培训及理事会建议的其他技术教育与培训项目,培养技能型人才;(11)开展 TVET 领域的研究活动,包括培训需求评估、劳动力市场分析和跟踪研究等;(12)实施技术指导和管理培训方案,以提高机构的 TVET 方案的质量;(13)开展技术指导与管理培训项目,提高 CTEVT 的管理质量;(14)进行技能/职业分类,开发技能标准,管理技能检测并提供证书;(15)争取获得国内/国际援助,促进 TVET 发展;(16)与国内/国际机构/大学建立制度性联系,促进 TVET 项目认证;签署协定或与有关技术方案的国家、国际组织或机构订立的合同;(17)与国内/国际组织或机构订立关于 TVET 的合作协议等。①

三、学校与机构:尼泊尔职业教育的提供方

20 世纪 90 年代初,尼泊尔职业教育的提供方已有多种机构。目前,按管理主体分,尼泊尔职业教育提供方主要为以下六类:(1)CTEVT 直属管理的学校(CTEVT Constituted Schools),主要开设农业、工程、餐饮、旅游、健康与护理、建筑等专业;(2)附属于普通中学的职业培训项目(Technical Education in Community School,TECS),是在普通中学中开设的职业教育项目;(3)附属于大学、行业企业、政府机构的学校(Affiliated Schools);(4)大学的技术学院(Institutes),提供等同于学

---

① CTEVT.TVET Organogram[EB/OL].http://ctevt.org.np/page.php? page＝431.2017-07-08.

士、硕士和博士学位的项目,如特里布文大学的医药、工程、农业与动物科学、林业、科学与技术 5 个学院,提供技术领域的高等教育;(5)私立机构,一些国内和国际非政府组织积极与 CTEVT 建立关系,开展职业培训,越来越多大学的私立附属机构开设高级的职业培训项目;(6)普通中学,普通中学中也提供一定课程量的职业教育与培训内容,但并不强调技能获得。其中,CTEVT 系统下主要为前三类机构,包括的学校类型有技术学校、理工学院、培训中心、普通中学及附属机构等。(详见表 2-2)①②

表 2-2 尼泊尔 CTEVT 下的职业教育提供方

机构类型	学校类型或学校、项目所附属于的具体机构	数量(所)
CTEVT 直属管理的学校(CTEVT Constituted Schools)	技术学校(Technical School)	10
	理工学院(Polytechnic)	1
	培训中心(Training Center)	3
	理工学院(理工大学)、Polytechnic Institute (Institute of Technology)	4
	School of Engineering and Technology、School of Health Sciences、School of Tourism and Hospitality Management、Nursing School…	4
	在建的理工学院(CTEVT under Construction Polytech/Institutes)	16
附属于普通中学的职业教育项目(TECS)	高中(Higher Secondary School) 中学(Secondary School)	73

---

① CTEVT. Institution[EB/OL]. http://ctevt. org. np/page. php? pagecat = 17. 2017-07-10.

② CTEVT FACTS SHEET[EB/OL]. http://ctevt. org. np/files/2016％20-％20CTEVT％20-％20Fact％20Sheet％20Final％20Draft. pdf. 2017-08-10.

续表

机构类型	学校类型或学校、项目所附属于的具体机构	数量（所）
附属于大学、行业企业、政府机构的学校（Affiliated Schools）	工业、商业与供应部（Ministry of Industry, Commerce and Supplies） 劳动与运输管理部（Ministry of Labor and Transport Management） 妇女、儿童与社会保障部（Ministry of Women, Children and Social Welfare） 地方发展部（Ministry of Local Development） 健康与环境部（Ministry of Health and Environment） 旅游局（Department of Tourism） 农业局（Department of Agriculture） 土地测量与维护部（Department of Land Survey and Maintenance） 合作社（Department of Co-operatives） 道路管理部（Department of Roads） 林业局（Department of Forests）	/

资料来源：根据尼泊尔 CTEVT 网站信息整理。

　　目前围绕促进尼泊尔经济发展的农业、工程、健康、旅游业等主要产业，职业教育提供机构主要开设了三个层次的职业教育课程与项目：一是学历/证书级课程（Curriculum of Diploma/Certificate Level），涉及的行业有农业、植物/动物、工程、健康/护理、林业、旅游和人文等；二是中等技术证书级课程（Curriculum of TSLC Level），涉及的行业有农业、工程、健康、酒店管理/旅游管理和人文与社会等；三是短期培训课程（Curriculum of Short Term Training），涉及的行业有农业、种植、工程、健康、旅游、文秘、教育/教学、工艺及其他。① 从层次上看，学历/证书级是较高层次，中等技术证书级是中级层次（又分为 15 个月和 29 个月两类项目），短期培训是初级层次；从学制上看，学历/证书级课程和中等技术证书级课程是长期项目，短期培训课程是短期项目。

---

　　① CTEVT. Curriculum［EB/OL］. http：//ctevt. org. np/page. php？ pagecat＝3. 2017-08-06.

尼泊尔教育部统计数据显示,2016 年 CTEVT 直属学校、普通学校开设的职业教育、附属学校及合作伙伴(Partnership)等机构在学历/证书(Diploma/Certificate)层次教育共开设 443 项课程(项目),招生总数为 17618 人。其中,直属学校 46 项,招生 1878 人;普通学校的职业教育项目 24 项,招生 1040 人;合作伙伴开设项目 11 项,招生 488 人;附属学校 362 项,招生 14212 人;在中等技术证书(TSLC)层次共开设 621 项课程,招生总数为 24629 人。其中,直属学校 32 项,招生 1105 人;普通学校的职业教育项目 96 项,招生 3824 人;合作伙伴开设项目 6 项,招生 240 人;附属学校 487 项,招生 19460 人。与 2015 年相比,开设项目数与招生数都明显增加。[1][2] (详见表 2-3、图 2-4~图 2-7)

表 2-3 2015—2016 年 CTEVT 各类学校/机构开设 Diploma/TSLC 项目数与招生情况

年度	项目层次	开设项目总数(项)	招生总数(人)	直属学校 (Constituted Schools)		普通学校的职业教育 (TECS)		附属学校 (Affiliated Schools)		合作伙伴 (Partnership)	
				项目数(项)	招生数(人)	项目数(项)	招生数(人)	项目数(项)	招生数(人)	项目数(项)	招生数(人)
2015	Diploma	387	16024	30	1320	19	832	329	13472	9	400
	TSLC	523	20884	29	1020	73	2904	416	16760	5	200
2016	Diploma	443	17618	46	1878	24	1040	362	14212	11	488
	TSLC	621	24629	32	1105	96	3824	487	19460	6	240

资料来源:根据 2015、2016 年尼泊尔教育统计数据整理。

---

① Ministry of Education. Nepal Education in Figures(2015),AT-A-GLANCE [EB/OL]. http://www. moe. gov. np/category/nepal-education-in-figures. html. 2017-07-18.

② Ministry of Education. Nepal Education in Figures(2016),AT-A-GLANCE [EB/OL]. http://www. moe. gov. np/category/nepal-education-in-figures. html. 2017-07-18.

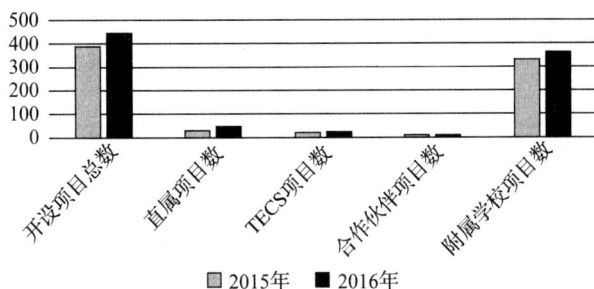

图 2-4　2015 年与 2016 年 Diploma 项目数

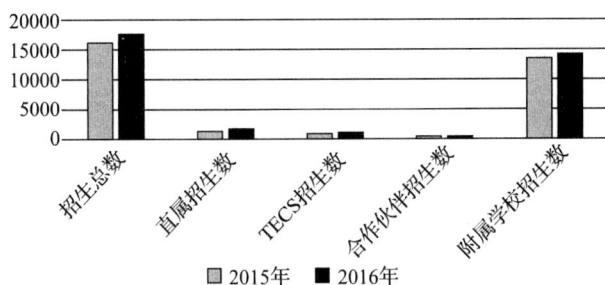

图 2-5　2015 年与 2016 年 Diploma 项目招生数

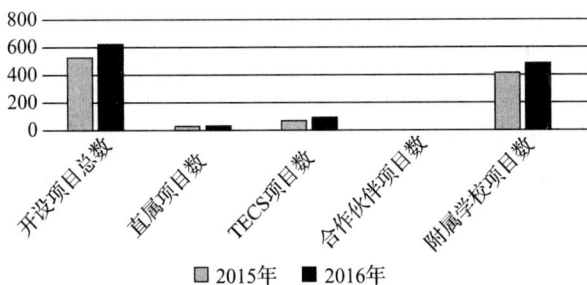

图 2-6　2015 年与 2016 年 TSLC 项目数

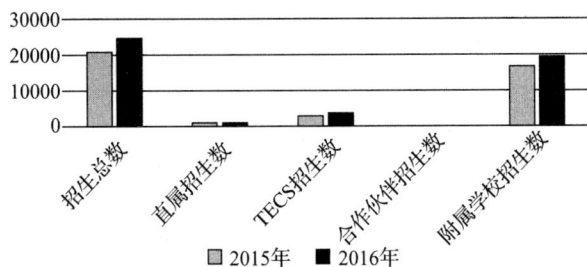

图 2-7　2015 年与 2016 年 TSLC 项目招生数

四、专业与课程：尼泊尔职业教育的主要领域

尼泊尔促进经济发展的主要产业有农业、工程、健康、旅游等。目前，CTVET 围绕经济发展的主要领域，开设有三个层次的职业教育课程与项目：学历/证书级课程、中等技术证书级课程、短期培训课程。三个层次项目（课程）的准入条件、学制与证书类型均不同，具体见表 2-4。

表 2-4　不同层次项目（课程）准入条件、学制与证书

项目	准入条件	学制	证书
学历/证书	已通过 10 年级末中学证书(SLC)考试	3 年为主	学历/证书
中等技能证书	已通过 8 年级考试 →	2 年	TSLC 证书
	已通过 10 年级末中学证书(SLC)考试 →	15 个月	
	已通过 10 年级考试(Test Pass) →	29 个月	
短期培训	/	100～1000 小时不等	/

资料来源：根据 CTEVT 网站资料整理

各类职业教育提供方围绕尼泊尔主要经济发展领域，培养不同层次的技能人才，具体领域与项目课程见表 2-5。

表 2-5　CTEVT 下三个层次涵盖的主要领域与项目（课程）

领域	项目（课程）		
	学历/证书级	TSLC 证书级	短期培训
工程	土建、电气、电子机械、测绘、计算机、建筑	土建、电气、电子、机械、制冷与空调、计算机、测绘、汽车	基于需求的职业培训，诸如摩托车维修、传统的接生、食品和蔬菜保鲜等
健康	一般健康、护理药剂，牙科科学，医学实验室，眼科学	实验室助理、牙科保健员	酒店与旅游管理、徒步旅行导游、烹饪与烘焙、农村动物卫生工作者、钳工、木工等
农业	农业科学、食品工艺	兽医、植物学	
其他		社会动员、办公室管理	

2016 年,在学历/证书(Diploma)层次开设的 442 个专业项目中,医疗健康类 291 项,工程类 105 项,农业类 38 项,林业类 3 项,酒店管理类 3 项,社会类 2 项。其中,医疗健康领域和工程领域的项目数与招生数占比均达 89.6%。在中等技术证书层次(TSLC)开设的 621 个专业项目中,医疗健康类 232 项,工程类 213 项,农业类 156 项,其他类 20 项。其中,医疗健康领域和工程领域占比为 71.7%。(详见表 2-6)。

表 2-6　2016 年职业教育分领域 Diploma/TSLC 项目情况

专业领域	Diploma		TSLC	
	项目开设数(项)	招生总数(人)	项目开设数(项)	招生总数(人)
医疗/健康	291	10882	232	9260
工程	105	4888	213	8387
农业	38	1528	156	6252

续表

专业领域	Diploma		TSLC	
	项目开设数(项)	招生总数(人)	项目开设数(项)	招生总数(人)
林业	3	120	/	/
酒店管理	3	120	/	/
社会	2	80	/	/
其他	/	/	20	730
共计	442	17618	621	24629

资料来源:Ministry of Education. Nepal Education in Figures(2016),AT-A-GLANCE[EB/OL]. http://www. moe. gov. np/category/nepal-education-in-figures. html.2017-07-18.

2010 年—2016 年的数据显示,Diploma 项目、15 个月 TSLC 项目与 29 个月 TSLC 项目的设置数与招生数总体均呈现出逐年上升趋势。[①](见表 2-7、表 2-8、图 2-8～2-11)其中,Diploma 项目变化更明显,说明越来越多的学生接受了高层次的职业教育。

————————

①　虽有少数年份数据欠缺,但这并不影响我们的结论。

表 2-7　2011—2015 年 Diploma 项目数与招生数

时间	2010 年		2011 年		2012 年		2013 年		2014 年		2015 年		2016 年	
类别	项目数（项）	招生数（人）	项目数（项）	招生数（人）	项目数（项）	招生数（人）	项目数（项）	招生数（人）	项目数（项）	招生数（人）	项目数（项）	招生数（人）	项目数（项）	招生数（人）
数量	299	10928	297	10682	311	11232	332	12242	345	12549	387	16024	442	17618

资料来源:根据尼泊尔职业教育官网 CTEVT Fact 数据和尼泊尔教育部 At a Glance 统计数据整理。

表 2-8　2011—2015 年 TSLC 项目数与招生数

项目	2011/2012		2012/2013		2013/2014		2014/2015	
	项目数（项）	招生数（人）	项目数（项）	招生数（人）	项目数（项）	招生数（人）	项目数（项）	招生数（人）
15 个月 TSLC	261	8816	293	10407	303	10303	563	12529
29 个月 TSLC	36	1378	12	385	19	656	36	729

资料来源:根据尼泊尔职业教育官网 CTEVT Fact 数据整理。

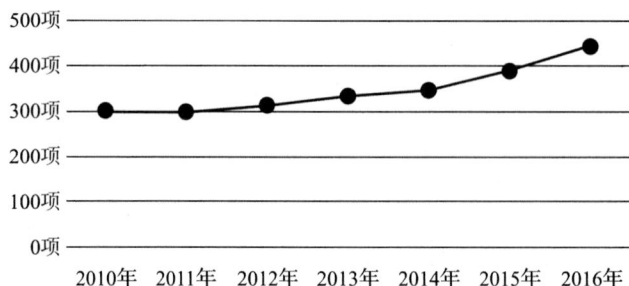

图 2-8　2010—2016 年职业教育 Diploma 项目开设数变化

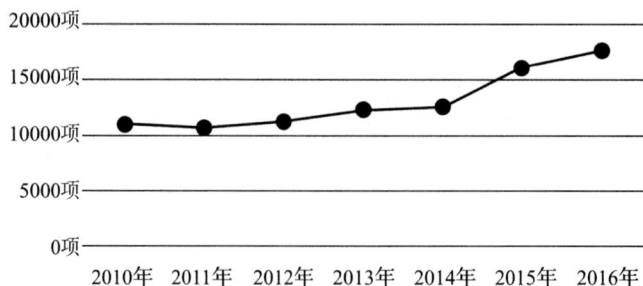

图 2-9　2010—2016 年职业教育 Diploma 项目招生数变化

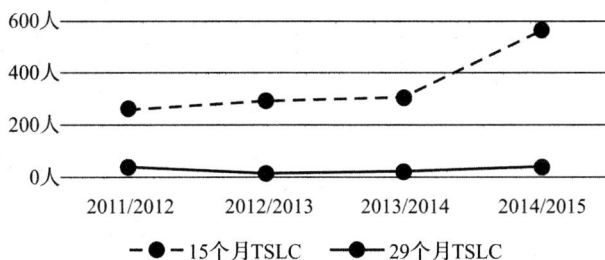

图 2-10　2011—2015 年 15 个月 TSLC 项目与 29 个月 TSLC 项目开设数变化

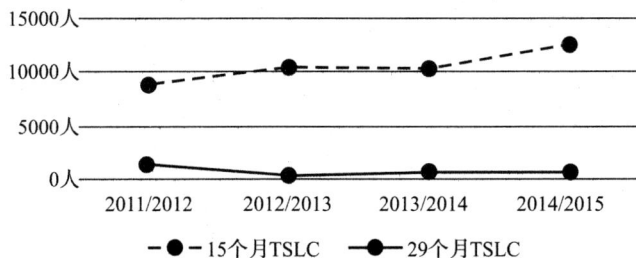

图 2-11　2011—2015 年 15 个月 TSLC 项目与 29 个月 TSLC 项目招生数变化

　　按照东部、中部、西部、中西部、远西部、加德满都峡谷六大区域划分，CTEVT 下开设的 Diploma、15 个月 TSLC 和 29 个月 TSLC 三个长期项目的机构数、项目数与招生数分布情况总体为：加德满都峡谷地区的职业教育机构数最多，其次为西部地区，再次为中部地区；项目数和招生数情况为东部地区最多，以下依次是中部地区、加德满都峡谷、中西部地区、西部地区，远西地区明显少于其他区域。①（详见表 2-9、图 2-12、图 2-13、图 2-14）

表 2-9　2015 年尼泊尔职业教育机构、项目和招生数总体区域分布情况

区域	机构数 （个）	项目数 （项）	招生数 （人）
东部地区（EDR）	90	208	8346
中部地区［CDR(KV Excluded)］	99	201	8062
加德满都峡谷 ［Kathmandu Valley (KV)］	110	196	7737

　　① Ctevt Facts Sheet ［EB/OL］. http://ctevt. org. np/files/2016％20-％20CTEVT％20-％Fact％20Sheet％20Final％20Draft.pdf.2017-08-10.

续表

区域	机构数（个）	项目数（项）	招生数（人）
中西部地区（MWDR）	86	166	6550
西部地区（WDR）	100	165	6518
远西地区（FWDR）	44	88	3522
共计	529	1024	40735

资料来源：根据尼泊尔职业教育官网 CTEVT Fact Sheet 数据整理。

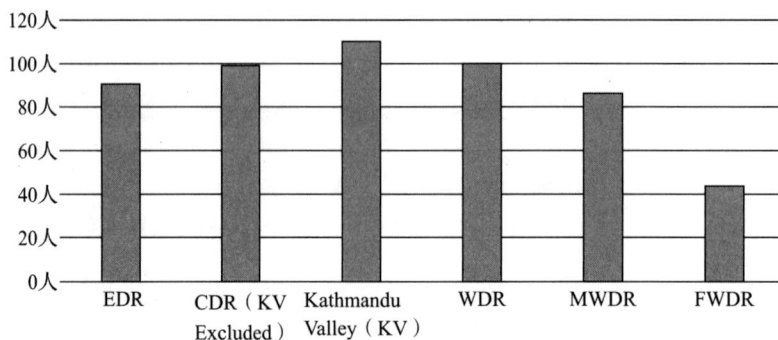

图 2-12　尼泊尔职业教育机构数区域分布情况

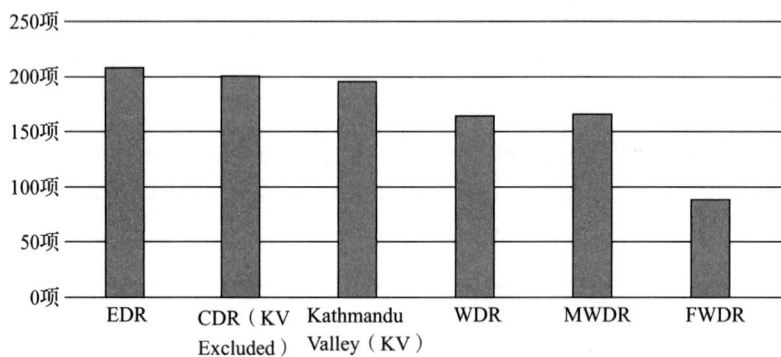

图 2-13　尼泊尔职业教育项目数区域分布情况

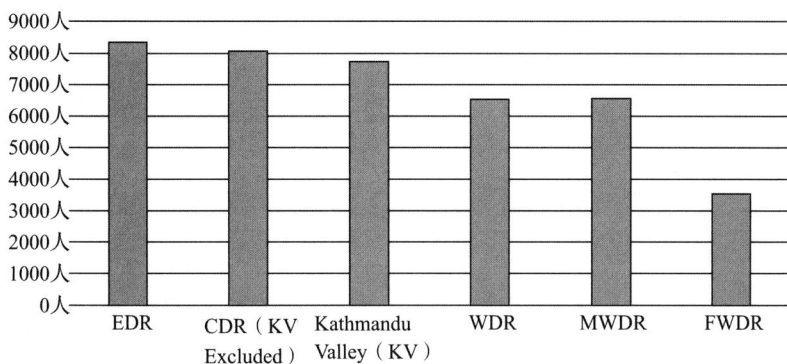

图 2-14 尼泊尔职业教育项目招生数区域分布情况

按照 Diploma、15 个月 TSLC、29 个月 TSLC 三个项目划分,区域分布如表 2-10、图 2-15、图 2-16、图 2-17 所示。

表 2-10 尼泊尔职业教育机构、项目和招生数按项目类型区域分布情况

区域	机构数(个)			项目数(项)			招生数(人)		
	Diploma	15 个月 TSLC	29 个月 TSLC	Diploma	15 个月 TSLC	29 个月 TSLC	Diploma	15 个月 TSLC	29 个月 TSLC
东部地区 (EDR)	30	59	15	67	124	17	2706	4950	690
中部地区 (CDR)	49	53	13	88	97	16	3552	3880	630
加德满都峡谷 〔Kathmandu Valley(KV)〕	74	44	3	126	65	5	4952	2600	185
西部地区 WDR	40	61	12	57	96	12	2264	3790	464
中西部地区 (MWDR)	30	58	16	40	100	26	1604	3990	956
远西地区 (FWDR)	19	28	9	26	52	10	1052	2080	390
共计	242	303	68	404	534	86	16130	21290	3315

资料来源:根据尼泊尔职业教育官网 CTEVT Fact Sheet 数据整理。

注:中部地区、加德满都峡谷除外。

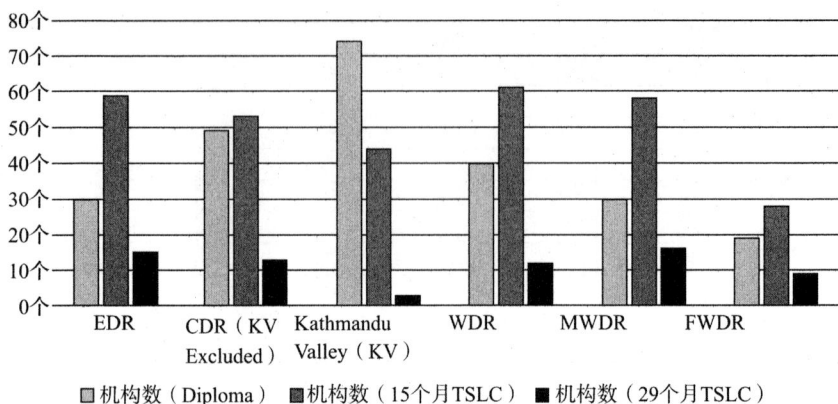

图 2-15　尼泊尔职业教育机构数按类型区域分布情况

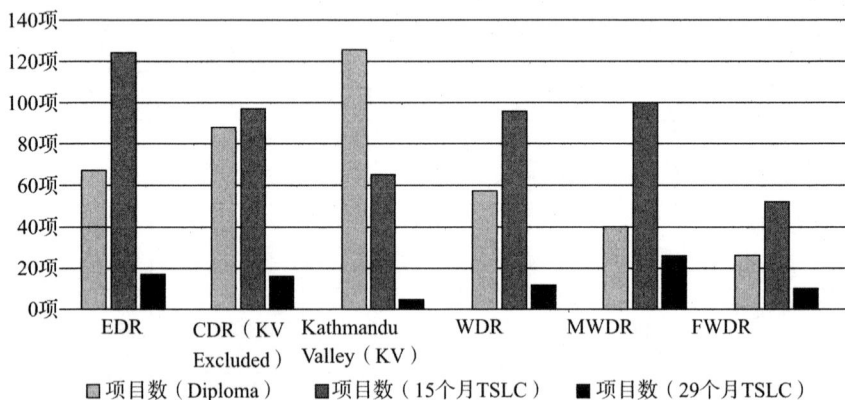

机构数（Diploma）　机构数（15个月 TSLC）　机构数（29个月 TSLC）

图 2-16　尼泊尔职业教育项目数按类型区域分布情况

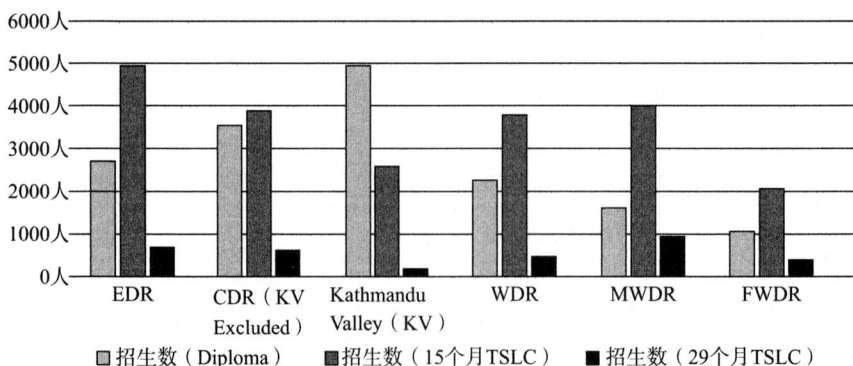

项目数（Diploma）　项目数（15个月 TSLC）　项目数（29个月 TSLC）

图 2-17　尼泊尔职业教育项目招生数按类型区域分布情况

招生数（Diploma）　招生数（15个月 TSLC）　招生数（29个月 TSLC）

五、技能检测：尼泊尔职业教育的资格认证

技能检测，是在任何特定的职业/专业领域开展的、基于职业技能标准的开放性的能力评估与测试，通过测试向测试参与者提供官方能力认证。尼泊尔职业技能鉴定由国家技能鉴定委员会（National Skill Testing Board，NSTB）负责，其成立于 1983 年，成立初期名为技能检测局（Skill Testing Authority，STA），主要目的是为求职者和技能需求者提供技能检测与认证；1989 年，CTEVT 成立后其归 CTEVT 管理，更名为技能检测司（Skill Testing Division）；2003 年改为国家技能鉴定委员会（National Skill Testing Board，NSTB），委员会下设职业技能标准部、检测项目开发部、技能检测管理部、认证部、市场与公共关系部和行政与财务部（组织架构见图 2-18）。目前，委员会设立 0（初级）～4 级共 5 个技能检测等级；拥有 81 个技能检测中心；开展 2 种类型技能检测：一种是职业档案（occupational Profiles，OP），另一种是职业技能标准（occupational Skill standard，OSS），共有 276 项国家技能标准（National Skill Standards），涉及农业、汽车、商业服务、计算机、建筑、建筑设备、电子、林业、手工艺、健康、医疗器械、皮草、化工、印刷、纺织等共 20 个行业领域。①

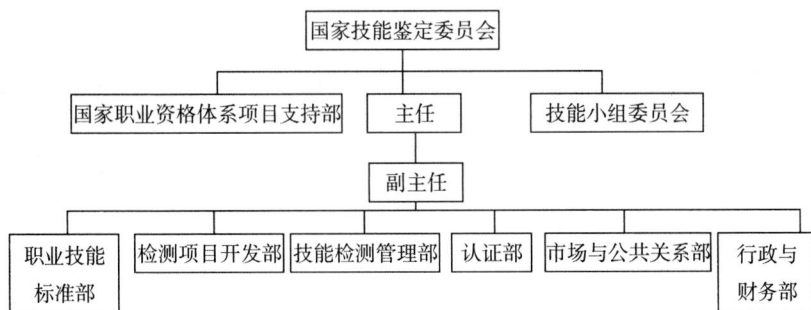

图 2-18　尼泊尔国家技能鉴定委员会组织架构图

---

① NSTB. National Skill Standards［EB/OL］. http://www.nstb.org.np/our_skill/.2017-07-20.

1. 职业技能检测等级与要求

表 2-11　国家职业技能检测(NSTB)等级与要求

等级	要求	费用	补助费
初级 （Elementary）	完成 140 小时相关职业领域的职业培训	Rs.100	Rs.100
一级 （Level-1）	掌握所从事职业相关的知识与能力,具有不少于 1 年的工作经验; 完成 160 小时相关职业领域的职业培训; 参加相关职业领域的职业培训,具有 6 个月以上的工作经验	Rs.300	Rs.200
二级 （Level-2）	掌握所从事职业相关的知识与能力,不少于 3 年的工作经验; 参加相关职业领域培训 1 年(不少于 600 小时理论课、800 小时实践课); 获得 1 级证书后从事相关职业领域工作 1 年	Rs.1000	Rs.500
三级 （Level-3）	掌握所从事职业相关的知识与能力,具有不少于 5 年的工作经验; 参加相关职业领域培训 1 年后具有 2 年工作经验; 获得 2 级证书后从事相关职业领域工作 1 年	Rs.2200	Rs.1100
四级 （Level-4）	眼科助理,获得 3 级证书,具有 3 年工作经验,参加过 1 年培训; 获得健康科学(眼科)证书,具有 3 年工作经验,参加过 1 年培训	Rs.3800	Rs.1900

资料来源:根据尼泊尔职业技能检测网站信息整理。

2. 职业技能检测程序与标准

职业技能检测程序共包括 10 个步骤:依次为划分职业→开发/修订职业技能标准(OP/OSS)→开发/修订检测题目→发布技能检测公告→收集与审查技能检测申请→确定检测时间与地点→安排检测工具、设备及材料→实施技能检测→记录、复核检测成绩并发布检测结果→颁发证书。技能标准是国家技能检测的最重要依据之一,是用以识别和判断一个人胜任工作任务所需具备的技能、知识和素质的能力。尼泊尔技能标准是由 NSTB 下的职业技能标准部基于亚太技能开发方案(Asia and Pacific Skill Development Program,APSDEP)和国际劳工组织(International Labor Organization,ILO)的标准而制定的。2016 年的统计数据显示,其共有 276 项标准,其中,0 级 10 项,1 级 136 项,2 级 86 项,3 级 39 项,4 级 5 项。从职业领域看,建筑、农业、机械、健康、电气、汽车、手工业、酒店服务等领域标准较多,达 15 个以上;从等级看,1 级最多,后面依次是 2 级和 3 级,4 级最少;从类型看,总体上 OSS 多于 OP,但初级和 1 级的 OP 明显多于 OSS,而 2 级和 3 级的 OSS 明显多于 OP,这些说明国家技能标准主要处于 2 级和 3 级。[①]（详见表 2-12）

表 2-12　国家技能标准 OSS 和 OP 各行业领域开发情况（2016 年）

单位:项

序号	职业领域	初级		1级		2级		3级		4级		共计		
		OP	OSS	OP	OSS	OP	OSS	OP	OSS	OP	OSS	OP	OSS	
1	农业			22	4	1	7	1	1			24	12	36
2	汽车			2	3		11		2			2	16	18
3	商贸			1		1		1				3	0	3
4	计算机				1	1		1	3			2	5	7
5	建筑		1	13	12	3	9		3			16	25	41
6	建筑设备						7		6			0	13	13
7	电气			2	5		8		2		1	2	16	18
8	电子技术	2		6		1	4		1			9	5	14
9	林业	1			1		1					1	2	3
10	手工业	3		8	1	1			3			12	4	16
11	健康			2	5	1	4	1	3	1	1	5	13	18
12	酒店服务业	1		6	6		2					7	8	15

---

① CTEVT.CTEVT Facts Sheet［EB/OL］. http://ctevt. org. np/files/2016％20-％20CTEVT％20-％20Fact％20Sheet％20Final％20Draft.pdf.2017-08-10.

续表

序号	职业领域	初级		1级		2级		3级		4级		共计		
		OP	OSS	OP	OSS	OP	OSS	OP	OSS	OP	OSS	OP	OSS	
13	皮具业	1		1			1					2	1	3
14	机械			7	6	2	7		6			9	19	28
15	登山							1		1		2	0	2
16	印刷			1			1		2			1	3	4
17	可再生资源			1	1	2	2			1		4	3	7
18	裁缝/服装			6	2	2	1		1			8	4	12
19	纺织	1		8		2						11	0	11
20	其他			3		1	2		1			4	3	7
合计		9	1	89	47	18	68	5	34	3	2	124	152	276
		10		136		86		39		5		276		

资料来源:根据尼泊尔职业技能检测网站信息与 CTEVT Fact Sheet 数据整理。

3. 职业技能检测现状

受经济与社会诸多方面原因的影响,许多尼泊尔人无法顺利完成基础教育,令人震惊的文盲率和技能缺乏使得越来越多的青年陷入贫困、失业和经济依赖等恶性循环中,且有大量青年大规模迁徙到国外就业。自国家技能鉴定委员会实施职业技能检测以来,通过获得官方认证的证书,越来越多的年轻男性和女性对自身的能力有了较清楚的认知,并提高了其在国内外劳动力市场上的竞争能力,同时也促使其有机会接受更高层次的教育与培训。数据显示,2012/2013—2015/2016 年,共有 352773 人参加了不同等级的技能检测,其中,245681 人通过了检测,通过率为69.64%。具体各等级、各年度参加人数与通过情况如下(见表 2-13、图 2-19、图 2-20):

表 2-13　2012—2016 年国家技能检测参与与通过情况①

单位:人

序号	等级	2012/2013 年		2013/2014 年		2014/2015 年		2015/2016 年		共计		
		参加数	通过数	参加数	通过数	参加数	通过数	参加数	通过数	参加数	通过数	通过率
1	基础	8977	7853	0	0	23	0	0	0	9000	7853	87.26%
2	1级	162248	129371	50601	33687	52970	33654	35185	22532	301004	219244	72.84%
3	2级	18890	9408	4245	1617	6283	2821	6529	2436	35947	16282	45.29%
4	3级	4765	1746	633	191	720	226	657	102	6775	2265	33.43%
5	4级	47	37	0	0	0	0	0	0	47	37	78.72%
总计		194927	148415	55479	35495	59996	36701	42371	25070	352773	245681	69.64%
通过率		76.14%		63.98%		61.17%		59.17%		69.64%		

资料来源:根据尼泊尔教育部历年统计数据整理。

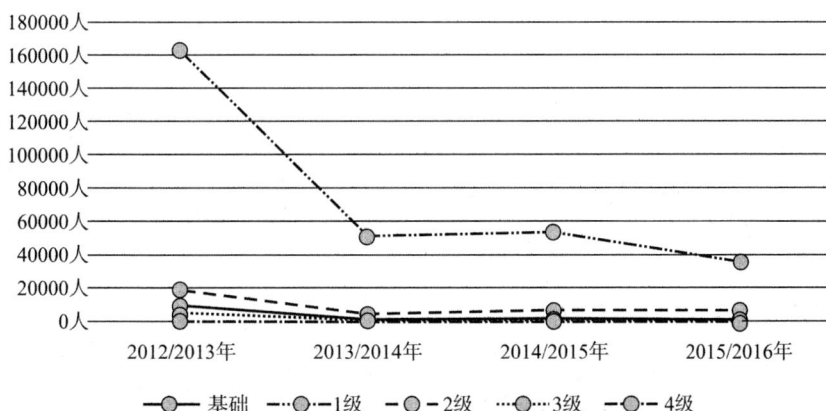

图 2-19　2012—2016 国家技能检测参加情况

数据显示,1 级参与者与通过者明显高于其他等级,随着等级的提高,参与者、通过者及通过率呈下降趋势,且近几年趋势变化不明显,参与者未随时间变化而有所增加。

① Ministry of Education.Nepal Education in Figures(2014,2015,2016),AT-A-GLANCE〔EB/OL〕.http://www.moe.gov.np/category/nepal-education-in-figures.html.2017-07-18.

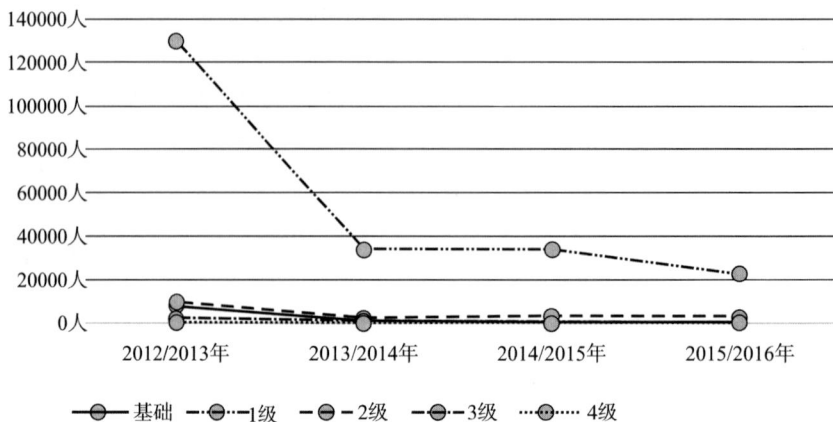

图 2-20　2012—2016 年国家技能检测通过情况

第四节　尼泊尔职业教育的实践挑战

尼泊尔职业教育的现实发展态势显示,正规的职业教育正在逐步趋于成熟,职业教育提供机构数、开设项目(课程)数、所覆盖的经济社会领域数及参与人数均呈现出上升趋势。但面对经济全球化、教育国际化的发展与挑战,其仍面临着职业教育参与机会不足、整体技能水平不高、与劳动力市场不匹配、财政投入不足等问题。

一、人们接受职业教育的机会不足,参与度较低

近年来尼泊尔接受正规或非正规职业教育的人越来越多,但从劳动力市场和教育体系来看,职业教育的影响力仍然较弱,覆盖面不够广泛,无法满足人民大众的需求。有调查显示,尼泊尔有 10.75％的劳动力的文化程度不及小学教育水平,在 15 岁及以上人口中,具有小学文化程度的人口仅占 13.49％,具有初中文化程度的仅占 8.87％,在此背景下,接受职业教育与技能训练的人口则更少,导致众多劳动力人口只能从事非技能性工作。一项针对中学学生及其家长、教师等职业教育相关者群体开展的关于职业教育认识度、满意度和需求的调查显示,47.1％的学生和

72.8%的家长并不知道职业教育 TSLC 项目,74.3%的被调查者从未听说过技能检测,但对此非常有兴趣,85%的学生对职业教育 TSLC 项目非常感兴趣,86.9%的学生对职业教育感到满意,54.1%的学生认为经济困难是制约其上技术学校的最大因素,80%的家长表示会在普通中学与职业学校间优先选择职业学校,64.7%的学生认为普通教育对于海外就业非常有用或有用,81.5%的学生认为职业教育对于海外就业非常有用或有用,20%的家长认为普通教育对于海外就业非常有用或有用,81.5%的家长认为职业教育对于海外就业非常有用或有用。[①] 数据显示,人们受教育程度低,对职业技能的认识不足,多数学生与家长对职业教育项目不知道或不熟悉,但对此非常感兴趣,大多数在读的学生对职业教育感到满意,相对普通中学,学生与家长对技术学校的兴趣与需求更大。这说明职业教育的影响力不足,覆盖面不够广泛,人们接受职业教育的机会仍不足,职业教育供给与需求间存在较大差距。

此外,公立职业学校数量不足、费用较高,使得诸多家庭贫困人群、妇女、偏远地区人群、残疾人等弱势群体无法进入职业教育机构学习。一项关于女性参与职业教育的调查显示,13%的女性接受了公立职业教育。其中在来自农村的学生中,有 15%的女性接受公立职业教育,而来自城市的学生中,仅 9%的女性接受公立职业教育,远远低于男性。[②] 女性参与职业教育不足的原因,除了受公立学校数量不足、家庭经济状况的制约外,可能还受男权主导的社会观念、接受教育程度过低、高度参与家务活动、获取信息的机会与能力不足等因素的制约。

二、国家职业资格框架尚未建立,衔接性不足

尼泊尔职业技能整体水平较低,尚停留于初级技能层次,经济社会发

---

① Takayoshi Kusago and Kamal Phuyal. TVET and Secondary School Education in Nepal:A Case Study of Hetauda,Makwanpur[EB/OL].https://www.researchgate.net/publication/265068314_Final_Report_TVET_and_Secondary_School_Education_in_Nepal_A_case_study_of_Hetauda_Makwanpur.2017-09-20.

② Dr.Ram Hari Lamichhane. Hindering Factors of Female Participation in TVET in Nepal [EB/OL]. http://ctevt. org. np/files/Research% 20Journal% 202014. pdf.2017-08-13.

展大量需要的中级技能人才(2~3级)技能水平不足,在数量和质量上均无法有效满足需求。国家职业技能检测参与人数与通过情况显示,2012—2016年间,国家职业技能检测参与者、通过者及通过率总体上呈下降趋势,其中,低层级检测参与人数多且通过率较高,而高层级检测则参与人数少且通过率低。导致这种情况出现的原因是人们受教育程度不高,对职业技能的认识不足,但更为重要的是尼泊尔尚未建立起国家职业资格框架(NQF),缺乏为劳动力提供教育、培训和职业的路径,无法为学生(青年)提供在不同种类和不同阶段教育之间进行转换的通道,从而难以激励其提高知识与技能水平。

目前,尼泊尔尚未建立国家职业资格框架,尽管已有国家技能鉴定委员会的5个等级的证书制度,但其并不能有效促进职业技能整体水平的提升。从2012年起,政府已明确提出建立与实施尼泊尔职业资格框架,但受若干因素影响而无法快速进行,如技能发展倡议较为零散且不协调,导致资源利用低效;开展职业教育与培训的各类政府机构、国内(国际)非政府组织及社会捐赠者,均以较为随意的方式实施各自的方案,无法被纳入统一的资格体系。此外,国家职业资格框架需要专业的人员进行制定与组织实施,但目前尼泊尔国内此领域的人才资源非常不足,无法胜任整套工作的制定与实施。

三、人才培养与劳动力市场不匹配,相关性欠佳

衡量职业教育人才培养质量的重要指标之一,是毕业生就业或创业能力是否满足劳动力市场的需求。现实表明,尼泊尔职业教育人才培养与劳动力市场不匹配,缺乏相关性。2016年的一份关于CTEVT毕业生的跟踪调查报告显示,46%的2009年毕业生处于失业状态,其中,49%的TSLC项目毕业生处于失业状态,43.9%的Diploma项目毕业生处于失业状态。对雇主的调查显示,80%的毕业生需要额外的培训,部分雇主将来不愿意雇用职业教育的毕业生,理由是TCET项目质量不高;雇主对毕业生的理论知识、实践技能、学习意愿、工作努力程度、独立完成任务的能力、总体表现、组织领导能力等方面的5分评价显示,多个方面都处于3.5~4.0之间,这说明雇主对毕业生的评价只处于中等偏上水平。但TSLC项目的毕业生,特别是健康领域的毕业

生,并不能获得雇主的认同,原因是技能不够精湛,无法有效对待客人/病人。①

职业教育毕业生人才培养质量不高、与劳动力市场脱节、学生难以就业的重要原因,主要有以下几个方面:一是职业教育机构与劳动力市场的衔接不够紧密,职业教育机构对劳动力市场的需求了解不足,许多职业教育机构只重视为公立单位培养人才,而忽略了私立企业的需求;二是职业教育与培训活动的开展滞后于产业发展,教学内容不能有效对接产业发展,导致毕业生在有企业需求的情况下都无法找到合适的工作;三是职业教育内涵建设不足,如教师/培训师缺乏技术专长、行业经验不足,教学设施设备数量不足,学生缺乏实践锻炼机会等;四是职业教育对创业能力的培养不重视,无法培养学生自主创业的意识与能力,学生自主创业能力较差。

四、职业教育财政投入不足,区域分配不均衡

尽管尼泊尔经济社会对初级、中级技能人才的需求越来越大,但其职业教育仍然面临着财政投入不足的重大挑战。有数据显示,2013年,教育部分拨给TVET的国家财政预算不足总预算额的1%,且不足教育预算额的3%。2012/2013年,政府财政共资助职业教育9亿600万卢比(NRs.),另外,财政预算3亿2700万卢比用于所有机构的项目、方案与活动建设,2亿200万卢比用于建设15所新的技术学校(理工学院)。目前,财政预算的分配在总额上存在波动现象,主要是由于新技术学校(理工学院)的建设。建立合理的机制,促进制度和财政的可持续发展,是新机构建设亟须解决的问题。2004—2014年的尼泊尔教育财政预算数据显示,尽管职业教育财政预算比重逐年增加,但与其他教育类型相比,所占比例实在过少,远远低于小学教育和中学教育的预算比例。(详见表2-14、图2-21)

---

① Accountability Initiative (Acin) Private Limited. Tracer Study of the Graduates of Diploma and TSLC Programs under CTEVT[EB/OL].http://ctevt.org.np/files/2073%20Publication%20Tracer%20Study%20Report.pdf.2017-08-01.

表 2-14　2004—2014 年尼泊尔教育财政预算比例情况

类型 \ 时间	2004—2005	2005—2006	2006—2007	2007—2008	2008—2009	2009—2010	2010—2011	2011—2012	2012—2013	2013—2014
小学教育	62.58%	62.30%	60.98%	61.14%	62.87%	67.22%	68.47%	68.86%	67.62%	68.57%
中学教育	23.55%	23.59%	23.55%	23.05%	23.08%	18.47%	17.08%	16.69%	18.24%	18.20%
职业教育	1.16%	1.38%	1.43%	1.60%	1.21%	1.65%	2.36%	3.62%	2.06%	2.91%
高等教育	9.36%	9.29%	10.60%	11.02%	10.96%	10.65%	10.04%	9.02%	10.17%	8.33%
教育管理	2.53%	2.64%	2.57%	2.36%	1.84%	1.95%	1.99%	1.77%	1.88%	1.96%
其他	0.82%	0.80%	0.87%	0.83%	0.05%	0.05%	0.06%	0.04%	0.03%	0.03%

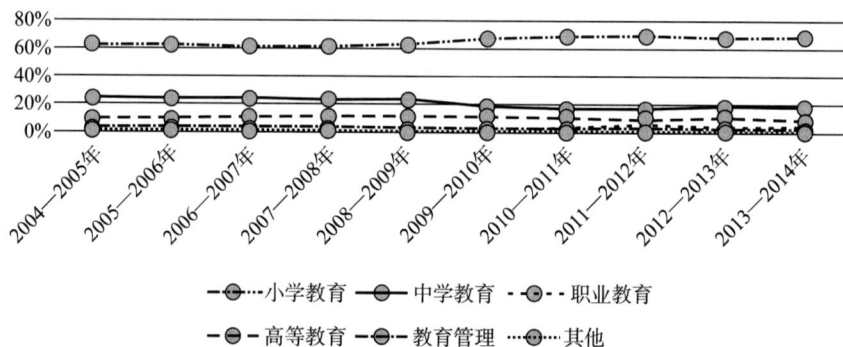

图 2-21　2004/2005—2013/2014 年尼泊尔各类教育预算比例对比

从区域分配来看,中部地区投入最多,与其他地区相比,有 2～8 倍不等的差距,其次是中西部地区,远西地区投入最少。其中,东部、中部和中西部地区有所增加,西部和远西地区略有减少,区域间投入不平衡问题较为突出。(见图 2-22)

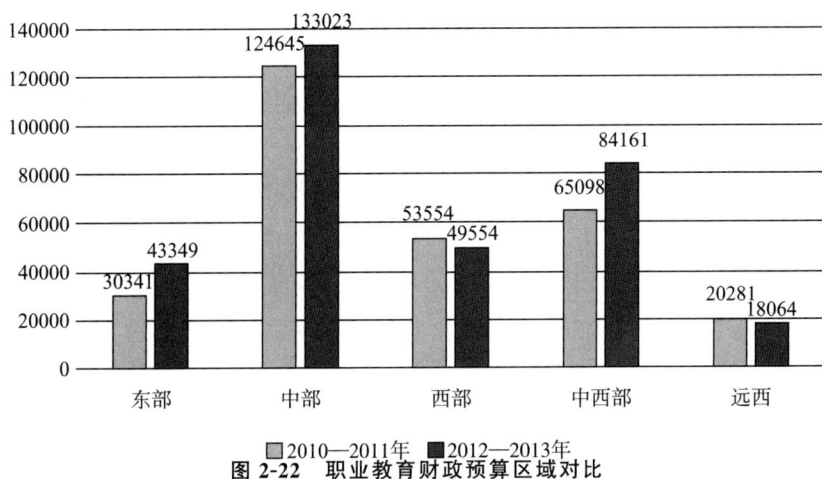

图 2-22　职业教育财政预算区域对比

资料来源：Council for Technical and Vocational Training（CTEVT）. Reflecting the Past，Perpetuating the Present and Directing the Future［J］. Technical and Vocational Education and Training Development Journal，2014（1）.

第五节　尼泊尔职业教育的发展战略

围绕近五年尼泊尔政府出台的职业教育的相关政策，如 2012 年教育部出台的《技术与职业教育与培训政策》、2014 年 CTEVT 发布的《技术教育与培训战略规划（2014—2018）》及 2016 年教育部出台的《学校发展计划》(SSDP)等提出的关于职业教育的主要改革与发展方向，结合目前尼泊尔职业教育存在的主要挑战与问题，未来尼泊尔职业教育应重点在以下方面进行不断探索，以实现可持续发展：扩大职业教育规模，增加入学机会；加强与劳动力市场的衔接，提高人才培养的质量与相关性；建立职业资格框架，提升全民技能水平；建立职业教育发展基金，吸引社会力量参与投资；等等。

一、扩大职业教育规模，增加入学机会

获得接受教育，特别是职业教育的机会，对于想就业或自主创业而缺

乏技能的人们而言是极其重要的,尼泊尔政府通过不断扩大职业教育规模,增加入学机会,使有职业教育与技能需求的人均可进入职业教育系统学习。具体的措施为:(1)通过制定职业教育发展政策与体系,调研与评估职业教育发展需求,根据需求在县或区域增设技术学校,继续增加公立中学的职业教育(TECS)项目,发布与传播职业教育信息,更新劳动力市场信息体系等促进职业教育项目的区域平衡。(2)通过开发职业教育与培训相关标准,简化短期与长期项目准则,基于研究所开发数据软件,向区域办公室下放认证权等途径简化职业教育项目的加入程序。(3)通过鼓励和促使利益相关者经由公立对公立(PP)、公私合作(PPP)、基于社区的伙伴关系组织(CBPO)等模式加强职业教育项目,与农村发展委员会(VDC)等相关部委合作,也与尼泊尔商会和工业联合会(FNCCI)、企业、小额信贷机构及其他利益相关者合作,将雇主纳入培训管理中,管理质量控制流程等渠道,加强职业教育项目的开展与实施。(4)通过制定与修订奖学金、食宿补助等制度,扩大奖学金覆盖范围,修订学生注册标准,增加技术/理工学院对弱势群体的招生数,对弱势群体和女性制定就业计划等举措扩大弱势群体和女性接受职业教育的机会;同时通过增加财政投入,吸引非政府组织参与投资职业教育,采用轮班制实现资源最大化利用,补贴培训费,判定贷款计划等举措提供人们负担得起的职业教育项目。(5)通过订立 TECS 项目指导方针,增加所有建设区域 TECS 项目建设,管理TESC 经费用以职业培训,对 TECS 项目实施管理评估等途径进一步加强普通中学中的职业教育项目(TECS)。

二、建立职业资格框架,提升全民技能水平

尼泊尔正在探索彻底改变职业教育与技能水平现状的职业资格证书制度,以应对经济社会的快速变化并满足人们就业发展的需求,进一步提高社会整体技能水平并填补技能人才缺口,促使男性和女性,以及弱势群体都可参与学习,进一步提高个体就业和营业水平,提高收入,提高生活质量和适应能力,改善国家经济的竞争力。目前,瑞士发展与合作署正在支持尼泊尔教育部建立国家职业资格框架,由相应的国家职业资格委员会(National Vocational Qualification Authority,NVQA)进行管理,瑞士方面的机构对项目提供技术支持,教育部是战略合作伙伴,NSTB 和

CTEVT 是执行伙伴。

　　国家职业资格框架应遵循条理明确、通俗易懂、符合经济发展前沿、可信度高、顺应变化反应敏捷且灵活等原则,其建立与运行的主要工作任务有:(1)树立理念,成立组织。基于 CTEVT 法案及相关地方法律法规,树立 NVQF 理念,开发与修订课程以适应技能标准,与利益相关者开展关于 NVQF 的研讨;成立国家职业资格委员会(National Vocational Qualification Authority,NVQA)。(2)开发标准,倡导认证。开发本土化的、传统的相关职业技能标准,组织技能检测,培养先前学习技能;通过多种媒体途径,倡导技能检测和先前技能认定,提升所有利益相关者对项目的认知度。(3)建立中心,加强管理。建立与修订技能鉴定中心的最低要求标准,逐步新增100个技能检测中心,实现全国75个县全覆盖;加强技能检测管理,开发软件以保存技能检测的全部记录,培训技能评审员和管理人员,吸引不同专业组织与社会团体参与技能检测过程;与所有雇主、政府公共服务委员会(PSC)、政府部门和外国大使馆协调,确保技能证书认证的顺利进行。

　　目前,按照建议,尼泊尔的国家职业资格框架为:NVQ 1级等同于基础教育水平(8年级),NVQ 2级等同于中等技术证书(TSLC)水平(9～10年级),NVQ 3级等同于2年的学历教育(Diploma)水平(11～12年级),NVQ 4级等同于非大学学历(Advanced Diploma)水平。其将正规教育中的普通教育、职业教育、高等教育和非正规教育纳入同一个体系中。(见表2-15)

表2-15　建议的尼泊尔国家职业资格框架

非正规教育体系	正规教育与培训体系			职业资格框架等级
	普通教育	职业教育	高等教育	
			博士	第二阶段开发**
			硕士	
			研究生(学历)	
			学士学位(E.g.BA,BSc,B.Ed.)	
GEQ 4级*		Advanced* Diploma	Diploma* (中学后)	NVQ 4级**

续表

非正规教育体系	正规教育与培训体系			职业资格框架等级
	普通教育	职业教育	高等教育	
GEQ 3 级 *	11、12 年级	Diploma		NVQ 3 级 **
GEQ 2 级 *	9、10 年级	TSLC		NVQ 2 级 **
识字程度 3 级 *（GEQ 1 级）	基础教育（6、7、8 年级）	Trade Certificate		NVQ 1 级 **
识字程度 2 级 *	4、5 年级			初级 **
识字程度 1 级 *	1、2、3 年级			

资料来源：Council for Technical and Vocational Training（CTEVT）. Importance of Nepal Vocational Qualification Framework its Proposed Structure[J]. Technical and Vocational Education and Training Development Journal，2014（1）.

注：* 为正在开发与建立，* * 为待后一阶段开发与建立。

三、加强与劳动力市场衔接，提高人才培养质量与相关性

优质的、相关的和有效的职业教育与培训，是职业教育可持续发展的核心驱动力。目前尼泊尔职业教育与劳动力市场的不匹配严重影响了人才培养的质量与经济发展进程。因此，需要进一步加强职业教育与劳动力市场需求之间的关系，不断提高人才培养质量与经济发展的相关性。主要有以下举措：（1）开展劳动力市场需求调研与评估。对劳动力市场需求进行定期研究，以确定不断变化的劳动力市场的需要，基于此，审查并更新课程以适应市场需求；结合劳动力技能需求，依据市场需要开发与修订课程，对现有人力资源进行技能培训，为回炉员工开发与修订课程并实施培训。（2）规范与提高职业教育资源与质量。建立或修改学历/TSLC/机构/方案（课程）的最低要求，基于国内/国际劳动力市场修订 5 年制课程，开发新教材与新课程，开发考试、结果展示、评分表等在线系统，开发实践考试评价工具，通过培训/教育加强现有的劳动力技能培训，建立学科委员会、教师委员会和学术委员会，根据技术革新的需要适当进行基础能力建设等。（3）加强职业教育提供方与企业的合作。开发学徒制课程项目并进行学徒制培养，将实习实践纳入课程，为学生提供充足的实习机

会；统筹协调企业与 TVET 提供者的关系，建立企业与 TVET 提供者委员会（校—企合作委员会），组织企业与 TVET 提供者召开会议等分享经验；加强培训机构和企业雇主间的联系，依据雇主人力资源需求确定职业教育与培训方案（项目）。(4)加强质量保障体系的建立。建立教学许可制度，制定教学许可制度的规章制度，建立权威的教学许可，对提供教学许可实施考试与证书制度；加强结果监控体系建设，关注毕业生就业状态，对毕业生开展跟踪研究，并依据跟踪研究结果确定财政优先分配原则。(5)实施自主创业和企业发展项目，将自主创业教育融入所有学习项目（课程）中，倡导利益相关者自主创业，并加强企业发展的能力建设。

四、建立职业教育发展基金，吸引社会力量参与投资

经费不足是制约尼泊尔职业教育发展的重要因素之一，政府必须高度重视职业教育，并给予较为充足的财政拨款及相应支持。首先，国家须将职业教育经费作为重要财政开支进行预算，改变目前职业教育预算在国家教育财政预算中仅占 2.91% 的状况，至少提高到 10% 的比重，逐步缩小职业教育与中学教育财政预算的差距。其次，以教育部为牵头部门，统筹国内公立和私立多方教育资源，倡导建立职业教育发展基金，积极吸引社会力量参与投资办学，有效提高资源利用效率。再次，通过积极参与国际职业教育组织、论坛、研讨会等，获得国际支持、基金共建项目与技术支持等。最后，鉴于区域投入分配不均衡的问题，给予远西地区等适当的政策倾斜。

第三章 孟加拉国职业教育

第一节 孟加拉国经济社会概况

孟加拉人民共和国,简称孟加拉国,位于南亚东北部,孟加拉湾以北,与印度和缅甸接壤。孟加拉族是南亚次大陆古老民族之一。孟加拉国原为英属印度的一个省,1947 年印巴分治后,归属巴基斯坦,被称为东巴基斯坦。1971 年,脱离巴基斯坦而独立。

一、人口与地理

孟加拉国国内拥有包括贾木纳河、恒河、梅克纳河共三条大河以及其他 230 余条支流在内的河流网络,全长约 24140 公里,遍布全国。截至 2017 年年底,孟加拉国国土面积为 14.75 万平方公里,人口总数为 1.647 亿人[①],位居世界第八;人口密度达到每平方公里 1265 人[②],是世界上人口密度最高的国家之一。孟加拉国人口男性占比 50.4%,女性占比

---

① World Bank. Databank[EB/OL]. https://data. worldbank. org. cn/indicator/ SP.POP.TOTL? locations＝BD&view＝chart.2018-07-15.

② World Bank. Databank[EB/OL]. https://data. worldbank. org. cn/indicator/ EN.POP.DNST? locations＝BD&view＝chart.2018-07-15.

49.6％。① 伊斯兰教为孟加拉国的国教,穆斯林占总人口的88％。② 此外,其还有印度教、佛教与基督教三大宗教,其中,印度教教徒占总人口的9％。

世界银行的《国别贫困评估》和《国别减贫战略》的有关数据显示,2000—2016年间,孟加拉国的贫困人口比例从48.9％下降到了24.3％,其中,极端贫困人口比例在2016年下降至12.9％。③ 2017年年末,孟加拉国的城镇居民人数为5893.5万人,城镇居民占比35.78％④,超过六成的居民仍然生活在农村地区,远低于50％城市化率的国际平均水平。在2016年联合国发布的《人类发展报告》中,孟加拉国人类发展指数由1990年的0.368上升到2015年的0.579⑤,进步明显。

二、经济

孟加拉国于1971年正式建国,国家经济基础相对较弱,工业发展薄弱,农业生产长期占据主导地位,制造业发展起步晚。1975年,联合国认定孟加拉国为世界上最不发达国家之一。20世纪70年代末80年代初,孟加拉国政府开始进行大规模的经济改革,致力于将仅以农业为支撑的内向型经济转变为多产业发展的外向型经济。90年代开始,孟加拉国的产业结构也逐渐发生转变,服务业和制造业开始迅速发展,农业占比逐渐降低,整体产业结构趋于合理,经济进入中速发展时期。近年来,得益于国内稳定的政局和经济全球化的进程,孟加拉国政府加快了市场化与自

---

① World Bank. Databank[EB/OL]. https://data. worldbank. org. cn/indicator/SP.POP.TOTL.FE.ZS? locations=BD&view=chart.2018-07-15.

② 中华人民共和国外交部.孟加拉国概况[EB/OL]. http://www.fmprc. gov. cn/web/gjhdq_676201/gj_676203/yz_676205/1206_676764/1206x0_676766/.2018-07-15.

③ World Bank. Databank[EB/OL]. https://data. worldbank. org. cn/indicator/SI.POV.URHC? locations=BD&view=chart.2018-07-15.

④ World Bank. Databank[EB/OL]. https://data. worldbank. org. cn/indicator/SP.URB.TOTL.IN.ZS? locations=BD.2018-07-15.

⑤ UNDP. Human Development for Everyone：Briefing Note for Countries on the 2016 Human Development Report · Bangladesh[EB/OL]. http://hdr. undp. org/sites/all/themes/hdr_theme/country-notes/BGD.pdf.2018-07-15.

由化改革的步伐,加速融入全球化,积极改善投资环境、创建出口加工区以吸引外国投资,并推进本国工业化和城市化进程。

根据孟加拉国统计局的最新数据,自 2005 年以来,孟加拉国 GDP 增长率长期保持在 6% 以上,整体经济发展势头良好。2016—2017 年,其国内生产总值(GDP)达到 2338 亿美元,GDP 增长率为 7.24%[①],这是孟加拉国过去三年历史上第二次 GDP 增长率跨越 7% 的大关,创历史新高;人均收入达 1544 美元[②],已经突破人均 1190 美元的最不发达国家标准。2017 年按不同行业对 GDP 的贡献比例划分,农业占比 14.2%,工业占比 29.2%,服务业占比 56.5%。[③] 2018 年 3 月,联合国发展政策委员会(Committee for Development Policy,CDP)宣布,孟加拉国已顺利通过 2018 年评审,可以从最不发达国家进入到发展中国家行列。如果 2021 年能通过第二次审议,孟加拉国将于 2024 年从"最不发达国家"名单上正式"毕业"。[④]

近年来,孟加拉国凭借其劳动力丰富的优势,在成衣制造业方面异军突起,2017 年成为仅次于中国的全球第二大成衣出口国。[⑤] 纺织及成衣制造已成为孟加拉国的标杆性行业和一大经济支柱,并且为超过 480 万人解决了就业问题。同时,信息通信技术和电子商务等服务业对国民经济贡献率也不断提高,服务业和制造业已经成为孟加拉经济发展的主导产业。例如,孟加拉国通过第六个国家五年计划的实施,推动了信息与通信技术行业(ICT)出口快速增长,产值从 2010 年的 2.46 亿美元增长到 2014 年的 4.45 亿美元,增长率超过 80%。过去 5 年,孟加拉国电子商务发展迅速,年交易额达 100 亿塔卡,从业人员约 5 万,月均配送包裹数 50 万~60 万件,行业规模已达 10 亿美元。据孟加拉国电子商务协会统

---

① Bangladesh Bureau of Statistics Government of the People's Republic of Bangladesh.Gross Domestic Product of Bangladesh,2016-17[EB/OL].http://www.bbs.gov.bd/site/page/dc2bc6ce-7080-48b3-9a04-73cec782d0df/GDP.2018-07-15.

② Bangladesh Bureau of Statistics Government of the People's Republic of Bangladesh.Gross Domestic Product of Bangladesh,2016-17[EB/OL].http://www.bbs.gov.bd/site/page/dc2bc6ce-7080-48b3-9a04-73cec782d0df/GDP.2018-07-15.

③ Centre for Policy Dialogue(CPD).Bangladesh Economy in FY2016-17:Interim Review of Macroeconomic Performance[R].Dhaka,2017:6.

④ 鹿铖.孟加拉国步入发展中国家行列[N].光明日报,2018-04-22(8).

⑤ 鹿铖.孟加拉国步入发展中国家行列[N].光明日报,2018-04-22(8).

计,目前国内已有近千家从事电子商务的企业,在脸书(Facebook)上有近8000个电子商务页面。① 这些变化显示出该国的经济转型已经初见成效,孟加拉国丰富的人力资源逐渐从传统的纺织业、农业等转向高科技和新兴服务行业,极大地促进了国家经济的发展。但总的来说,孟加拉国目前依然主要依靠其大量相对低技能的廉价劳动力,通过轻工业行业的迅速发展进而创造大量的就业机会,同时带动农村劳动力转移,也带动了年轻女性劳动力进入就业市场。

三、劳动力

孟加拉国人口的平均年龄为 24.3 岁,60.63% 的人口处于 15 岁到 49 岁的年龄段,50% 以上是 40 岁以下的青壮年劳动力。② 孟加拉国虽然劳动力资源丰富,但是实际利用率却很低。孟加拉国统计局 2017 年 3 月发布的《2015—2016 年劳动力调查报告》显示,截至 2016 年年底,孟加拉国的总人口为 1.58 亿,其中适龄劳动力人口约为 1.06 亿,但实际参工的劳动力仅有 6210 万人,实际劳动力参工率仅为 58.6%,女性参工率为 30.7%,还有超过 4400 万的适龄劳动力没有参与到社会劳动中。③ 同时,孟加拉国劳动力的文化程度普遍较低,《2015—2016 年劳动力调查报告》显示,孟加拉国 15 岁以上适龄劳动力人口的整体识字率为 68%,其中,男性识字率为 70.8%,女性识字率为 65.2%;适龄劳动力中,31.8% 的人口没有接受过任何教育,仅有 5.6% 的人接受过高等教育,其中女性适龄劳动力拥有高等教育学历的比例仅为 21.3%,远低于男性的 78.7%。④ 孟加拉国当前的适龄劳动力面临着利用效率低和受教育程度

---

① 中华人民共和国驻孟加拉人民共和国大使馆经商务参赞处.孟加拉国电子商务介绍[EB/OL].http://bd.mofcom.gov.cn/article/ztdy/201805/20180502748645.shtml. 2018-07-17.

② 中华人民共和国驻孟加拉人民共和国大使馆经商务参赞处.孟加拉国职业教育和培训体系[EB/OL].http://bd.mofcom.gov.cn/article/ztdy/201602/2016020 01251783.shtml.2018-07-17.

③ Bangladesh Bureau of Statistics.Report on Quarterly Labour Force Survey (QLFS)2015-16[R].Dhaka,2017:26.

④ Bangladesh Bureau of Statistics.Report on Quarterly Labour Force Survey (QLFS)2015-16[R].Dhaka,2017:42.

低两个主要问题,使得大量的剩余劳动力并没有得到充分的利用,难以有效支撑经济的快速发展;劳动力的受教育程度低则使得潜在失业率大大提高,影响社会的公平与稳定。

由于国内难以提供充足的就业岗位,孟加拉国大量劳动力赴海外就业。根据孟加拉国人力资源、就业和培训局(BMET)估算,1976 年至 2012 年间,共约有 830 万名孟加拉国工人在全世界 157 个国家工作。海外劳务的外汇收入约占孟加拉国 GDP 的 13%。[①] 近年来,孟加拉国每年有 60 万至 70 万人的海外劳务输出。其中,专业人员占 2.21%,熟练工人占 31.53%,半熟练工人占 13.98%,其余 52.29%的人则拥有较少的技能。[②] 可以看出,虽然孟加拉国工人在海外务工的人数总量巨大,但是超过六成的务工人员的技能为"半熟练及以下",工人的技能熟练程度普遍较低。

四、教育体系

孟加拉国教育体系涵盖从学前教育到研究生教育各个阶段,其中初等教育 5 年、中等教育 7 年、高等教育 4 年、研究生教育 1~4 年。初等教育为义务教育。此外,孟加拉国设有独立的伊斯兰教育体系,主要开展宗教教育。

1. 孟加拉国教育的组织与管理

孟加拉国教育体系分别由教育部与初等和大众教育部管理。其中,初等和大众教育部负责对全国的初等教育进行全面的管理,制定和实施初等教育领域的政策。教育部下设中等和高等教育司、技术和宗教教育司以及其他专门的委员会,分别负责不同类型和领域的工作。中等教育和高等教育司主要负责全国中等教育和高等教育有关政策的制定,具体

---

① Khandaker Md Iftekhar Haider,Srinivas B. Reddy,Begum Shamsun Nahar,Nisha.Skills for the International Labour Market:Bangladesh Country Report[R].Dhaka:the Ministry of Expatriates' Welfare and Overseas Employment,the Bureau of Manpower Employment and Training and the International Labour Organization,2015:9.

② Abul Barkat,Sk. Ail Ahamed.Skilling the Workforce:Labour Migration and Skills Recognition and Certification in Bangladesh[R].Dhaka:International Labour Organization,ILO Country Office for Bangladesh,2014:1.

则由教育部下属的中等和高等教育管理局进行最终的监测、评价和执行。技术和宗教教育司主要负责孟加拉国职业教育和伊斯兰教育的政策与方案的制定与执行。

除了上述管理机构以外，教育部下属的一些专业机构也会配合主要执行机构管理全国的教育工作。例如，国家教育管理学院（NAEM），该学院是教育部下属的顶尖培训机构，负责为普通教育（BCS）管理人员提供基础培训，它还为中学和高等中学的高级教育行政人员和教师提供在职培训；孟加拉国教育信息和统计局（BANBEIS），负责收集、编纂和传播各级和各类教育方面的教育资料和统计数字；大学教育资助委员会（UGC），负责监督公立和私立大学的运行，并分配政府拨款；教育委员会，全国共有 7 家中学教育委员会负责举办公开考试，并对非政府和私营部门的教育机构进行认证。

2. 孟加拉国教育体系的基本框架与结构

孟加拉国教育体系可以概括为"三大体系、四大层级"。"三大体系"是指普通教育体系、伊斯兰教育体系、职业教育体系。普通教育体系侧重于一般教育，分为小学、初中、高中、大学四个教育阶段，学生只有通过每一阶段的结业考试才能继续下一阶段的学习。伊斯兰教育体系侧重于宗教教育。学生在宗教教育中必须学习伊斯兰教义和阿拉伯语，同时也要学习部分或全部普通教育课程中的核心课程。和普通教育体系类似，伊斯兰教育体系的教育阶段也是从小学一直持续到大学。职业教育体系包括中学和大学两个阶段。与普通教育的课程设置有所不同，它更多的是强调不同行业中的专业技能培训和教育，实践操作环节较多，重点提高学生的就业技能。

初等教育。孟加拉国初等教育的入学年龄为 6 岁，学制为 5 年。在孟加拉国，小学教育是免费的，政府会对其进行财政补贴。孟加拉国在独立之初几乎没有公立小学，近年来，政府不断加大对初等教育的财政投入力度，不仅免除了学费，还为在读的小学生免费提供学习用品，大大降低了适龄儿童的辍学率。世界银行数据显示，孟加拉国小学的总入学率①

---

① 小学总入学率是指无论年龄大小，小学的总入学人数与官方规定的小学适龄总人口数的百分比比值。总入学率可能超过 100%，因为包含了较早或较晚入学及复读的超龄和小龄学生。

从建国之后 1972 年的 63% 提高到 2016 年的 118%。① 截至 2015 年年底,孟加拉国共有 122176 所小学,其中,公立学校 63546 所,私立学校 58630 所。②③ 公立小学在校生为 13793653 人,私立小学在校生为 5274108 人。④ 小学教师 527798 人,其中公立小学教师 322487 人,私立小学教师有 205311 人⑤,女性教师占比为 41%。在伊斯兰教育体系中,小学阶段教育侧重于宗教基础知识的教授,同时也开设部分普通小学教育核心课程。

总体而言,孟加拉国初等教育发展情况近些年来逐渐向好,女孩在总入学人数上的占比 2015 年首次超过男孩,达到了 51%⑥,两性平等和提高女性教育机会的工作已经成效显著。但由于受家庭经济等多种因素的影响,学生在 5 年级至 8 年级阶段的辍学率仍然较高。

中等教育。孟加拉国中等教育持续 7 年,涵盖 6~12 年级。6~8 年级为初级中学阶段,无职业教育和普通教育的区分。9~10 年级为中学证书(Secondary School Certificate,SSC)教育阶段,包括中学证书职业类(SSC Vocational)教育和中学证书普通类(SSC General)教育。11~12 年级为高级中学证书(Higher Secondary Certificate,HSC)教育阶段,包括高级中学证书职业类(HSC Vocational)教育和高级中学证书普通类(HSC General)教育。完成 8 年级学业后,学生可以选择到普通中学继续学习,也可以直接进入中等职业技术学校进行有关职业课程的学习。学生在修完 10 年级的课程之后需要参加一次全国性的考试即中学结业考试,成绩合格者获得普通或职业类初级中学毕业证书(SSC);之后可以选

---

① World Bank. Databank[EB/OL]. https://data.worldbank.org.cn/country/bangladesh? view=chart.2018-07-15.
② 私立学校人数远低于公立小学的主要原因在于其大都是为社会上层提供的精英教育,学费和生活费十分高昂,普通群众基本无法承担。
③ Bangladesh Bureau of Statistics.2016 Statistical Year Book Bangladesh[R]. Dhaka,2017:417.
④ Bangladesh Bureau of Statistics.2016 Statistical Year Book Bangladesh[R]. Dhaka,2017:417.
⑤ Bangladesh Bureau of Statistics.2016 Statistical Year Book Bangladesh[R]. Dhaka,2017:417.
⑥ Bangladesh Bureau of Statistics.2016 Statistical Year Book Bangladesh[R]. Dhaka,2017:417.

择进入普通高级中学或者高级中等职业技术学校继续学习,在完成 12 年级的学业后学生需要进行第二次全国性考试即高中毕业考试,成绩合格者分别获得普通或职业类高级中学毕业证书(HSC)。学生在修完 10 年级的课程之后可以进入职业技术学院(Polytechnic)①接受为期 4 年的文凭(Diploma)课程阶段教育,毕业后获得工程文凭(Diploma-in-Engineering)。② 完成 12 年级的学业后,学生可以进入高等学校深造或者直接就业。此外,伊斯兰教育体系的学生在完成相应学业后参加由伊斯兰教育委员会主持的统一考试,获得相应的证书。③

截至 2015 年年底,孟加拉国共有普通中学 20297 所,在校生总人数为 9743072 人,其中女生占比 53％。④ 在普通中学中,公立学校的数量较少,仅有 804 所,九成以上是私立中学。普通中学教师 243117 人,其中女性教师为 61701 人,占比 26％。⑤

高等教育。孟加拉国高等教育机构分为三大类:普通高等教育机构(包括纯科学和应用科学、艺术、商业和社会科学)、伊斯兰教育机构和职业教育机构。近年来,孟加拉国的高等教育规模发展迅猛,2015 年,孟加拉国共有 37 所公立普通大学、85 所私立普通大学、480 所专业培训学院、1759 所附属于国立大学和孟加拉开放大学(BOU)的学院、1012 所高等职业教育机构,在校学生总数达 284 万人(见表 3-1),较 2010 年的 160 万人增长了 78％。⑥ 按世界银行测算,至 2035 年,孟加拉国接受高等教育

---

① 孟加拉国的 Polytechnic 横跨中等和高等职业教育两个阶段。在学制上,其学习年限持续 4 年,前 2 年与高级中学证书(HSC)课程阶段重合,后 2 年与高等教育阶段重合。世界银行在报告中将其与大学(University)、学院(College)一并列为第三级教育(Tertiary Education,参见 World Bank Group. Bangladesh Tertiary Education〔R〕.Washington)。本书参考世界银行的观点,将 Polytechnic 视为高等教育,译为职业技术学院。

② "工程文凭"的级别高于高级中学证书(HSC),低于学士学位或理学士学位。学生获得工程文凭后,可以进入工程学学士学位阶段学习。

③ 刘建.孟加拉国〔M〕.北京:社会科学出版社,2010:175.

④ Bangladesh Bureau of Statistics.2016 Statistical Year Book Bangladesh〔R〕. Dhaka,2017:417.

⑤ Bangladesh Bureau of Statistics.2016 Statistical Year Book Bangladesh〔R〕. Dhaka,2017:417.

⑥ World Bank.Bangladesh Tertiary Education〔R〕.Washington,2017:3.

的青年人口比例将从 2010 年的 11％上升至 20％。① 在所有大学中,最著名的当属位于首都达卡的达卡大学,其成立于 1921 年,是孟加拉国历史最为悠久、综合实力最强的大学,2015 年时在校学生为 31955 人,教师达到 2306 人。②

表 3-1 2015 年孟加拉国高等教育机构和学生数量

	公立机构	私立机构	机构总数	学生(百万)
大学	37	85	122	0.87
学院	265	1494	1759	1.7
职业教育机构	74	938	1012	0.27
总数	376	2417	2893	2.84

资料来源:World Bank.Bangladesh Tertiary Education[R].Washington,2017:3.

从学位层次来看,孟加拉国的高等教育学位分为学士学位、硕士学位和博士学位三种。学生通过高级中等教育考试可以进入高等教育领域深造。在学士教育阶段,大学及其附属学院和其他专业学院提供自然科学、人文社会科学、艺术、商业、工学、医学等多学科的课程,一般学制 2～4年。学生在读期间修完所需课程获得足够的学分便可以获得学士学位。硕士研究生教育阶段的学制为 1～2 年,荣誉学士学位持有者经过 1 年的学习或普通学士学位持有者经过 2 年的学习可获得硕士学位。博士研究生阶段的学制一般为 2～3 年,分为普通博士学位和专业博士学位两种。

伊斯兰教育体系的学生,在接受完高级中等教育之后可以在其体系中接受高等教育,学制一般为 2 年,毕业后可获得法兹尔(Fazil)文凭,与职业教育体系内的工程文凭对等③;之后可以选择直接就业,或继续进行为期两年的学习以获得卡米尔(Kamil)学位,其与学士学位对等。

职业教育体系的学生在结束高级中等教育阶段学习后,可以进入职业技术学院(Polytechnic),学习农业、工程、医疗、纺织、皮革技术、信息和通信技术等专业课程,毕业后可获得相应的文凭。学生如果想继续进行

---

① World Bank.Bangladesh Tertiary Education[R].Washington,2017:3.

② Bangladesh Bureau of Statistics.2016 Statistical Year Book Bangladesh[R].Dhaka,2017:419.

③ 刘建.孟加拉国[M].北京:社会科学出版社,2010:176.

高等教育阶段的学习,则可以升入全国唯一的技术大学——孟加拉工程技术大学(BUET)或是进入私立大学,攻读工学学士学位,之后,学生可以直接就业或者进行研究生阶段的学习。

第二节　孟加拉国职业教育体系概况

整体而言,孟加拉国工人的技能熟练程度普遍较低,半熟练程度以下的工人占比超过六成,近年来,失业率居高不下。随着 2016 年 10 月中孟两国战略合作伙伴关系的确立,孟加拉国成为我国在南亚地区第一个"一带一路"倡议下的战略合作国家,中国也已经成为孟加拉国在全球的最大贸易伙伴,双方的贸易互通未来将更加紧密。可以预测,未来一段时间内,中资企业对当地技术技能人才的需求将大幅提升,两国职业教育的合作也将逐步展开。分析孟加拉国职业教育发展的基本现状,厘清其基本框架与组织管理,探究其人才培养和供给的优势与不足,对于推进两国职业教育领域的有效合作、增加当地技术技能人才的有效供给具有重要的现实意义。

一、职业教育发展的基本历程

1874 年,Ahsan Ullah 工程学校在当时的英属印度地区正式成立,是孟加拉国在独立之前建立的最早的工程技术类学校,标志着早期孟加拉地区职业教育开始出现萌芽。1947 年,Ahsan Ullah 工程学校更名为 Ahsan Ullah 工程学院。[①] 1961 年,该学院正式更名为孟加拉国工程技术大学(BUET),如今其已成为孟加拉国顶尖的工科大学之一,教学语言为英语。2015 年,在校学生已达 10644 人,教师总数为 660 人。[②] 1947—1971 年东巴基斯坦时期,职业教育机构迅速增长,由 22 所增长到 67 所,

---

① Hoque, A. E. Quality Assurance as a Way to Support Labour Markets: A Reflection on TVET Policies in Bangladesh[R]. TVET@Asia, 2016, 7:2.

② Bangladesh Bureau Statistics. 2016 Statistical Year Book Bangladesh[R]. Dhaka, 2017:417.

净增长 45 所,其中公立 42 所,私立 3 所。① 此后的 30 年间,孟加拉国的职业教育机构数量虽然在不断增长,但整体发展较为缓慢。从 2001 年开始,到 2015 年,这 15 年则是孟加拉国职业教育发展的"黄金时代",职业教育机构大量增加。截至 2015 年年末,孟加拉国共有 5790 所职业教育机构,其中,公立机构 252 所,私立机构 5538 所。②(详情见表 3-2)

表 3-2　1947—2015 年孟加拉国职业教育机构数量

	1947 年前	1947—1971	1972—1990	1991—2000	2001—2015	合计
公立机构	21	42	33	17	139	252
占比(%)	8.33	16.67	13.10	6.74	55.16	100
私立机构	1	3	20	248	5166	5438
占比(%)	0.02	0.05	0.36	4.48	93.28	100
合计	22	45	53	265	5305	5690
总占比(%)	0.38	0.78	0.92	4.58	91.62	100

资料来源:Hoque,A.E.Quality Assurance as A Way to Support Labour Markets:A Reflection on TVET Policies in Bangladesh[R].TVET@Asia,2016,7:3.

2007 年,在欧盟和国际劳工组织的资助下,孟加拉国政府开始实施为期五年(2007—2012)的职业教育改革项目,涉及现代化的面向市场的技能培训、构建国家职业技能的资格框架、增加贫困群体和女性进入职业教育的比例等方面的内容。这一改革项目实际到 2015 年 12 月才正式结束。在 8 年的改革历程中,孟加拉国政府建立了国家技术与职业教育资格框架,并出台了一系列促进职业教育发展的政策,这对职业教育的标准化建设和规范化发展具有重要的促进作用,促进了毕业生技能水平的不断提高。

需要指出的是,虽然孟加拉国职业教育体系在近 10 年取得了较大的发展,改革项目也顺利实施,但其服务经济和社会发展的能力仍然相对较弱,集中表现在拥有熟练技能的劳动力比例仍然较低、职业教育的毕业生

① Hoque,A. E. Quality Assurance as A Way to Support Labour Markets:A Reflection on TVET Policies in Bangladesh[R].TVET@Asia,2016,7:3.
② Bangladesh Bureau of Statistics.2016 Statistical Year Book Bangladesh[R].Dhaka,2017:417.

就业率不高、参与职业教育者总占比不足适龄劳动力的 15％、女性对正规职业教育机构的参与程度较低等方面。

二、职业教育的基本结构

总体来说,孟加拉国职业教育在形式上包括正规职业教育和非正规职业教育两类。正规职业教育在纵向上体系比较完整,包括基础培训项目、证书培训项目、文凭课程、学士学位教育等多个层次。(见图 3-1)

基础培训项目(Basic Training Program)也被称为行业基础课程(Basic Trade),主要由技术培训中心(Technical Training Centers, TTCs)、技术学校和学院(Technical School and Colleges,TCS)、职业技术学院(Polytechnic Institutes)、私立机构以及一些非政府组织实施,涵盖 61 个行业领域,教学持续 3～6 个月,主要集中于实践技能训练和部分理论学习。学生完成 8 年级的学业后才能进入基础培训项目课程学习。如果学生有 1 年特定行业的工作经验,即便没有完成 8 年级的学业,也可以参加行业基础的测试。

证书培训项目(Certificate Training Program)。证书级别的培训主要涵盖中等教育阶段的中学证书(职业类)和高级中学证书(职业类)的课程。学生需要完成 8 年级的学业才能进入中学证书(职业类)阶段学习。学生进入中学证书(职业类)阶段学习两年后,可以获得国家技能标准三级证书。完成中学证书阶段学习后,学生可以进入两年制的高级中学证书(职业类)阶段学习。完成高级中学证书(职业类)阶段的学习后,学生可以获得进入高等教育学习的资格和国家技能标准一级证书。

文凭课程(Diploma Courses)。学生获得普通类和职业类中学证书后均可进入单科或多科的职业技术学院(Polytechnic)进行文凭课程阶段的学习。文凭课程专业涵盖计算机、电子技术等 28 个技术领域[①],主要培养文凭工程师(Diploma Engineers),学习时间持续 4 年(8 个学期),其中 1 个学期为产业实践,以增强学生的实践能力。

学生获得工程师文凭后,可以直接就业,或升入全国唯一的技术大

---

① Faruque A. Haolader. Technical and Vocational Education and Training-Curricula Reform Demand in Bangladesh[D].Institut für Erziehungswissenschaft and Psychologie,2010:52.

学——孟加拉工程技术大学或私立大学攻读工学学士学位；之后可以就业或攻读工程或技术硕士、博士学位。

上述各阶段职业教育的学习内容均由孟加拉国技术教育委员会（Bangladesh Technical Education Board，BTEB）负责开发、认证和考核。其中，职业技术学院的部分实践考核由学院自己负责，并邀请相关行业和部门的专家参与。

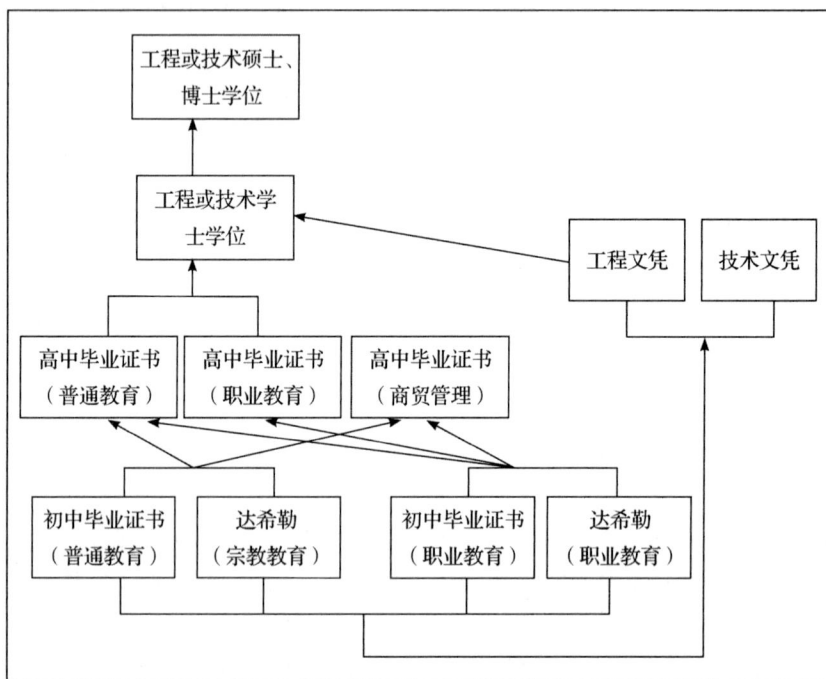

图 3-1　孟加拉国职业教育结构

资料来源：Asian Development Bank. Innovative Strategies in Technical and Vocational Education and Training for Accelerated Human Resource Development in South Asia：Bangladesh[R].Mandaluyong City，Philippines，2015：9.

除正规职业教育外，孟加拉国还有许多社会组织和公私立机构提供非正规职业培训。非正规职业培训分别由不同的部门管理，不经孟加拉国技术教育委员会认证。如妇女和儿童事务部为妇女开设的家禽饲养、奶制和食品加工等短期课程，青年和体育部开发的家禽和鱼类养殖课程等。这些课程一般持续 1~12 个月不等，根据市场需求选择培训内容，项目灵活，以满足就业能力需求。

三、职业教育的组织与管理

孟加拉国职业教育管理体系由国家技能发展委员会（the National Skills Development Council，NSDC）、教育部、多个开展职业教育的公立部门和组织及部分私立和非政府组织共同构成。

1. 国家技能发展委员会

国家技能发展委员会成立于 2008 年，是职业教育发展的政策决策和协调机构，由总理直接领导，成员包括来自相关各部委、各行业及各社会团体的 36 名代表。其中，来自政府的代表占 64％，来自私营行业和协会的占 30％，来自社会团体的占 6％。[①] 国家技能发展委员会的主要职责包括制定国家人力资源开发政策、统筹协调跨部门合作、监督技能开发行动计划的实施情况、技能开发新机构的设立、指导职业教育和培训的政策落实等。[②] 国家技能发展委员会每年至少举行一次会议，确定年度重大工作和事项。委员会下设执行委员会和秘书处，每年至少举行三次会议，负责具体工作的执行。

2. 教育部及其下属机构

教育部是负责孟加拉国中等、职业和高等教育发展的部门，包括中等和高等教育司、技术和伊斯兰教育司两个下属部门，制定中学后教育包括技术和职业教育以及伊斯兰教育的相关政策。[③] 技术和伊斯兰教育司下设技术教育局（Directorate of Technical Education，DTE）和孟加拉国技术教育委员会（Bangladesh Technical Education Board，BTEB），共同负责职业教育的实施和管理。

---

① National Skills Development Council. NSDC Members［EB/OL］. http://www.nsdc.gov.bd/en/nsdc-members/.

② 中华人民共和国驻孟加拉人民共和国大使馆经商务参赞处.孟加拉国职业教育和培训体系［EB/OL］. http://bd. mofcom. gov. cn/article/ztdy/201602/20160201251783. shtml.2018-07-15.

③ 孟加拉有专门的小学和大众教育部（Ministry of Primary and Mass Education，MoPME）负责小学教育和大众扫盲教育。

技术教育局成立于 1960 年,是公立职业教育举办单位,负责制定职业教育计划,管理职业教育机构。目前,技术教育局下设 119 所教育机构,包括 64 所证书层次的技术学校和学院(Technical School and College,TSC)、1 所职业教育教师培训学院(Vocational Teacher Training Institute,VTTI)、49 所文凭层次的职业技术学院(Polytechnic Institutes)、1 所学位层次的技术教育教师培训学院(Technical Teachers Training College)和 4 所工程学院(Engineering College)。[①]

孟加拉国技术教育委员会是根据 1967 年《东巴基斯坦技术教育法案》成立的机构,负责职业教育发展的质量管理与控制。其职责具体包括职业教育课程及学习材料的开发和认证,批准职业教育机构的设立和评估,管理职业教育机构的招生、考试以及颁发证书和文凭等。

3. 其他开展职业教育的公立部门和组织

孟加拉国约 20 个部委及其所属部门与职业教育管理相关,相关部门下设的农业推广处、纺织处、妇女事务处、社会服务处和青年发展处等,也向社会提供职业教育。如外籍福利和海外就业部(the Ministry of Expatriate Welfare and Overseas Employment,MEWOE)下设的人力、就业和培训局(Bureau of Manpower,Employment and Training,BMET)拥有 37 个技术训练中心(Technical Training Centers,TTCs)和 1 个海洋学院、42 个地区就业和人力资源办公室以及 3 个学徒办公室。这些机构向社会提供证书层次的培训课程。2010 年,人力、就业和培训局下设的 38 所机构培训了 59456 名毕业生。[②]

4. 私立和非政府组织运营的职业教育机构

除了上述一些公立机构外,孟加拉国绝大部分职业教育机构都是私立或其他非政府组织运营的,其比例占到全部机构的 95%,注册学生占学生总数的 75%。绝大多数私立机构主要通过收取学费维持运营,直接

---

① Directorate of Technical Education.About Directorate of Technical Education [EB/OL].http://techedu.gov.bd/.2018-07-12.

② Asian Development Bank.Innovative Strategies in Technical and Vocational Education and Training for Accelerated Human Resource Development in South Asia:Bangladesh[R].Mandaluyong City,Philippines,2015:18.

面向市场开发课程,不隶属于孟加拉国技术教育委员会。部分私立机构也实施孟加拉国技术教育委员会开发的课程,并获得了政府的资助。据技术教育局统计,2011 年已有 1600 家经认可的私立培训机构从政府处获得补贴。①

孟加拉国有 100 多个非政府组织提供非正规技能培训,部分组织还提供中学证书(职业类)课程。如非营利性社会组织达卡阿萨莉亚教会(DAM)主要提供工程学的文凭课程和职业培训,其文凭课程采用孟加拉国技术教育委员会开发的课程,职业培训课程则由其直接面向市场进行开发。米尔布尔哈斯农业工程训练所(MAWTS)则是一个自筹资金的机构,面向机械行业开展职业教育和培训,提供三年制的机械课程、四年的工程文凭课程、一年讲师培训课程等。②

第三节　孟加拉国职业教育主要政策

自 21 世纪以来,孟加拉国政府逐渐意识到职业教育对人才供给的重要性,但原有职业教育体系暴露的问题越来越多,人才培养的质量无法得到有效保障。为改变职业教育发展的困境,孟加拉国政府颁布和实施了多项政策,以促进职业教育提高质量,提升社会地位,为国家的现代化发展提供高质量的人力资源。具体的相关政策和规划主要包括《国家减贫战略计划(PRSP)》《2021 国家远景计划》《2010 国家教育政策》《2011 年国家技能开发政策(NSDP)》以及第六和第七个国家五年计划等。

---

① Asian Development Bank. Innovative Strategies in Technical and Vocational Education and Training for Accelerated Human Resource Development in South Asia:Bangladesh[R].Mandaluyong City,Philippines,2015:18.

② 中华人民共和国驻孟加拉人民共和国大使馆经商务参赞处.孟加拉国职业教育和培训体系[EB/OL].http://bd.mofcom.gov.cn/article/ztdy/201602/20160201251783.shtml.2018-07-18.

一、《国家减贫战略计划》

为了减少全球范围内的贫困人口特别是极端贫困人口所占的比例，以达到可持续发展和全人类共同繁荣的远大目标，世界银行和国际货币基金组织于 1999 年为所有贫穷国家提出了减贫战略文件框架（Poverty Reduction Strategy Papers）。参与该项目的成员国每三年需要提交一次进展报告，说明该国在支持经济增长和减贫方面所进行的宏观经济结构调整和社会政策实施等，以及相关的外部筹资需要和主要资金来源。[①]孟加拉国于 2000 年参与该减贫项目，着手制定减贫战略文件。2005 年 10 月 16 日，孟加拉国正式发布《国家减贫战略计划（2005—2008）》文件，并同步在国际货币基金组织网站上向全球公开。2008 年，第一轮减贫计划实施完结之后，孟加拉国政府发布了《国家减贫战略计划（2008—2011）》，提出进一步降低孟加拉国的贫困率。

《国家减贫战略计划（2005—2008）》提出，要通过培训促进就业，尤其是帮助贫困人口就业，以减少贫困现象。然而，公立职业教育机构的人才培养与就业市场脱节，职业培训机构（Vocational Training Institutions，VTIs）毕业生的就业率为 40%，技术培训中心（Technical Training Centers，TTCs）毕业生的就业率为 60%～65%，职业技术学院（Polytechnic）毕业生的失业率也不低。[②] 职业教育体系的结构和运行不够灵活，教育内容无法满足受众群体的多样化需求，与市场需求相脱节，难以帮助贫困人员改善就业和收入状况。

基于已有问题和发展需求，《国家减贫战略计划（2005—2008）》提出了政府发展职业教育的几个主要目标：（1）大幅增加在职业教育体系内就读学生的比例。文件提出，到 2020 年将在职业教育体系内接受学习的中等及以上学生比例从当年的 3% 提高到 20%。（2）进一步扩大不同群体参与职业教育的比例，尤其要提高女性接受职业教育的比例，到 2007 年，女性在职业教育体系中的注册人数增加 60%；进一步扩大贫困人口，特

---

①　International Monetary Fund.Bangladesh：Poverty Reduction Strategy Paper[R].Washington，2005：1.

②　International Monetary Fund.Bangladesh：Poverty Reduction Strategy Paper[R].Washington，2005：126.

别是青少年、男性群体在职业教育体系中的参与率。政府拨出经费为 6 年级和 7 年级的学生提供课后职业培训。（3）为妇女参与科学教育和职业教育提供特别津贴。（4）提高职业教育毕业生在国内和国际市场的就业率，提高证书考试的及格率。（5）到 2007 年，职业教育机构的入学率比 2005 年提高 50％。①

为实现上述发展目标，更好地发挥职业教育的减贫作用，《国家减贫战略计划（2005—2008）》提出发展职业教育体系必须解决好以下问题：（1）职业教育必须加强与各行业的联系，及时对就业市场需求做出反应。（2）加强对那些未完成 8 年级学业和未获得初级中学证书的贫困人口、青少年和妇女等群体的关注。（3）必须提高公共部门的质量和效率，鼓励公共部门和非政府组织合作。（4）加强对职业培训中心的管理，对所有公立、私立机构进行登记，并将其纳入共同的管理框架。（5）提高职业教育课程的时长、时间安排和课程设置的灵活性。（6）要根据市场需求不断修订和调整职业教育的课程内容。（7）制定统一的发展指导方针，加强不同职业教育机构之间的协调。（8）职业教育机构应与小额信贷机构开展合作，支持学员自主创业。（9）向培训机构提供财政支持，吸引相关行业的参与。（10）引入助学金计划以吸引女孩接受职业教育，提高女性的参与率。②

2008 年，孟加拉国政府出台第二个减贫战略计划，进一步强化了《国家减贫战略计划（2005—2008）》的相关内容和措施，以进一步降低孟加拉国的贫困率。孟加拉国政府两个阶段的减贫战略计划在职业教育和培训领域的侧重点基本一致，都集中在提高职业教育体系学生的入学率，尤其是贫困群体以及女性群体的入学率，同时也关注毕业生的质量和就业率。为达成相应目标，文件针对职业教育机构改革和发展提出了相应的对策与建议。随着两个减贫战略文件的相继实施，孟加拉国的贫困状况近年来有了明显改善，减贫举措初见成效。从贫困率来看，孟加拉国贫困人口比例从 2005 年的 40％下降到 2010 年的 31.5％，世界银行的最新数据显

---

① International Monetary Fund.Bangladesh：Poverty Reduction Strategy Paper[R].Washington，2005，12：127.

② International Monetary Fund.Bangladesh：Poverty Reduction Strategy Paper[R].Washington，2005，12：128.

示,2016 年这一比例已经下降至 24.3%。① 在职业教育领域,学生入学的比例在 2015 年只有 5%,有 872658 名学生就读于职业教育体系,虽然总量有所增加,但是占比仍然较低,与 10 年前相比相差无几,距离 2020 年要求的 20% 占比差距巨大。但女性就读于职业教育体系的人数在 2015 年达到 208874 人,占比 23.94%②,相比 2005 年已经有了较大的提升。

二、《2021 国家远景计划》

孟加拉国《2021 国家远景计划》的草案于 2006 年 11 月提出,后经过多方讨论与修订于 2007 年发布。该计划在对孟加拉国自 1971 年建国以来迄今为止所取得的成就进行回顾与评估的同时,规划了未来 15 年的发展方向,即对到 2021 年孟加拉国独立 50 周年之际的发展愿景进行了描述。

《2021 国家远景计划》对孟加拉国的民主制度、政治治理体系、经济建设、社会卫生和健康事业、人力资源和技能开发、可持续发展等 8 个领域的发展愿景进行了描述。其在第五个目标"开发有技能和创造性的人力资源"中,对职业教育体系的发展进行了规划,提出,"到 2021 年,青年将占我们人口的绝大多数。增强他们的技能,使他们能够更有就业能力(包括作为小企业家)将是我们的优先事项之一。作为人力资源发展政策的一部分,要为不同类型的毕业生设计明确的职业道路"③。计划提出要通过建立数字化孟加拉国来应对贫困,要加强对职业教育机构的建设,以满足国内外新兴行业对技能人才的需求。总体而言,《2021 国家远景计划》为孟加拉国后续的一些职业教育政策奠定了基调,其中的一些提法,如推进职业教育机构与市场的联系、建立认证体系等在后续的政策文件中被细化或加强了。

---

① World Bank. Databank[EB/OL]. https://data. worldbank. org. cn/country/bangladesh? view=chart.2018-07-15.

② Bangladesh Bureau of Statistics.2016 Statistical Year Book Bangladesh[R]. Dhaka,2017:417.

③ Centre for Policy Dialogue(CPD).Bangladesh Vision 2021 [R].Dhaka,2007: 29.

三、《2010 国家教育政策》

2009 年,孟加拉国教育部正式出台《2010 国家教育政策》,重点强调了宗教、科学和技术教育,将计算机与通信技术应用作为教育发展的优先事项。在职业教育领域,该政策也做了相应的目标设定和策略要求。

1. 将培养熟练工人作为职业教育发展的重要目标

针对孟加拉国熟练劳动力缺少和信息技术人才不足的问题,《2010 国家教育政策》重点强调加强劳动力的熟练程度和 ICT 部门的人才培养,提出了职业教育发展的三大目标:(1)根据国内和国际需求,快速培养能满足包括信息和通信技术在内的不同部门需求的人才。(2)加快培养熟练工人,创造经济发展机遇,提高劳动者的尊严。(3)通过输出熟练劳动力创造广泛的就业机会,提高外汇收入。[①] 可以看出,《2010 国家教育政策》将培养目标聚集于信息技能应用能力、熟悉技能和拓展海外就业市场方面。为了实现这些目标,《2010 国家教育政策》提出了 25 条职业教育和培训发展的具体策略要求,内容涉及在小学教育阶段渗透职业教育、国家技能标准的获取、文凭课程以及学士学位的要求、职业教育机构的师生比、学徒计划的重订、弱势群体的保障、有关教师的实践培训和考核、职业课程的适时调整和修订、公私合作机构的合作、政府财政优先支持、技术大学的建立等诸多方面。

2. 将信息技术教育渗透于职业教育的各个阶段

科学与技术的发展对孟加拉国的职业教育尤为重要,特别是在农村地区,现代化的生产方式逐渐被应用到各个领域,信息和通信技术需要进一步得到发展。《2010 国家教育政策》提出在初级教育的各个环节都引入职前课程和信息通信技术教育,以培养熟练的人才。[②] 在课程设置方面,政策则重点突出了计算机和信息通信技术的作用,将其纳入到职业教

---

① 　Ministry of Education Government of the People's Republic of Bangladesh. National Education Policy 2010[R].Dhaka,2009:16.

② 　Ministry of Education Government of the People's Republic of Bangladesh. National Education Policy 2010[R].Dhaka,2009:16.

育课程的必修科目。所有 6～8 年级的学生必须完成职前和信息通信技术课程。① 这为信息技术与职业教育的融合奠定了良好的基础,有利于职业教育的现代化发展。

3. 增加职业教育体系的系统性

《2010 国家教育政策》规定,在正式接受中等职业教育之前,学生必须完成为期 8 年(小学 5 年和初级中等教育 3 年)的课程,包括职前课程和信息与通信技术课程。完成 8 年级的学业后,学生才可以参加职业教育。如果 8 年级以后直接进入社会工作,学生可以接受 6 个月的职业培训,通过相应考核即可获得国家一级技能证书。学生在完成职业教育的9 年级、10 年级、11 年级的学业并通过考核后,达到国家二级、三级、四级技能标准,可以获得相应的证书。《2010 国家教育政策》通过完备的职前培训和职后课程的引进,让有意愿接受职业教育的学生从小学毕业之后到高中毕业之前都可以接收系统的职业课程的学习,增强了职业教育的系统性。在文凭课程以及学士学位的要求方面,文件中规定"中学证书(SSC)毕业生和具有国家四级技能证书的学生通过获取足够的学分,可以进入各种文凭项目学习"②。这为职业教育体系的学生接受高等教育创造了良好的条件。

4. 加强职业教育师资队伍建设

在教师队伍建设方面,针对孟加拉国职业教育师资数量严重不足、生师比过高的问题,《2010 国家教育政策》提出:"在职业教育机构,师生比例为 1∶12。"③政策同时规定:"对所有级别的教师来说,强制在工厂内对所学科目进行实际培训。增加职业教育教师培训机构(Vocational Teachers Training Institute,VTTI)和技术教育教师培训学院(Technical Teachers Training College,TTTC)人员职位,以确保对每一位职业和技

---

① Ministry of Education Government of the People's Republic of Bangladesh. National Education Policy 2010[R].Dhaka,2009:16.

② Ministry of Education Government of the People's Republic of Bangladesh. National Education Policy 2010[R].Dhaka,2009:17.

③ Ministry of Education Government of the People's Republic of Bangladesh. National Education Policy 2010[R].Dhaka,2009:17.

术教育教师进行培训。如有必要,还将增加这类学院的数量。"①这种实践培训对教师的发展起到了重要的促进作用,通过提高教师的实践技能进而保障实践教学的质量,也有利于学生技能学习效果的提升。

5. 增强人才培养与国内外就业市场需求的匹配度

针对国内外就业市场需求,政策要求加强对职业教育课程的审查和修订,及时更新内容;修订《1962 年学徒法》,并在全国推广学徒计划②,以提高学生的技能水平;为即将前往海外工作的孟加拉国学生提供基本的语言技能培训。这些措施有利于课程的发展与劳动力就业市场的变化同步运行,提高职业教育与就业市场的匹配性和适应性,提高毕业生在国内外就业市场上的竞争力。

6. 为弱势群体和特殊群体接受职业教育提供保障

在对弱势群体和特殊群体的保障方面,政策也做了相应的要求,"将特别注意残疾学生,以确保他们参与职业教育"。对于因各种原因(经济或家庭原因)而不能在 8 年级以后继续学习的学生,或处于中等教育阶段因其他原因而中断学业的学生,政府将为其提供必要的津贴,鼓励他们修习职业或技术课程并完成后续的学业,保障其在"合理、可接受的时间范围内接受职业课程"③。这一规定很好地避免了适龄学生因为家庭经济和身体残障等外部因素的影响而过早辍学,在提高入学率的同时也减少了青少年的辍学率。政策还提出为特殊群体设置非正规职业教育课程,要"设计夜间和短期职业或文凭课程,以使离校生和老年人成为合格的人力资源"④。这为特殊群体接受职业教育提供了便利,进一步扩大了职业教育的受众群体。

---

① Ministry of Education Government of the People's Republic of Bangladesh. National Education Policy 2010[R].Dhaka,2009:17.

② Ministry of Education Government of the People's Republic of Bangladesh. National Education Policy 2010[R].Dhaka,2009:17.

③ Ministry of Education Government of the People's Republic of Bangladesh. National Education Policy 2010[R].Dhaka,2009:17.

④ Ministry of Education Government of the People's Republic of Bangladesh. National Education Policy 2010[R].Dhaka,2009:17.

7. 加强职业教育发展的政策保障

在职业教育发展的保障措施方面,政策提出"政府预算将优先分配给职业和技术教育部门"①,鼓励和支持公私机构合作,尤其鼓励公私伙伴合作建立新的技术和职业学院,并且给予必要的财政支持,让无力偿债家庭的学生有机会在这些机构学习。② 政策提出"今后将采取措施建立一所技术类大学"③,以让学生有机会接受更加高质量的职业教育。政策进一步确立了孟加拉国技术教育委员会在职业教育管理中的核心地位,并根据实际需要由政府提供必要的资金和人力支持。这些举措进一步增加了职业教育机构的数量,增加学生接受职业教育的机会,提高了职业教育的层次,完善了职业教育的体系;政策将职业教育机构纳入孟加拉国技术教育委员会统一管理,明确了管理的职责,规范了机构的管理和运作程序。

总体来看,《2010 国家教育政策》中 25 条有关职业教育发展的策略覆盖全面,针对三大目标进行了细致的分解,特别是对孟加拉国职业教育发展中出现的问题提出了一一对应的解决办法,涉及课程、学生、教师、学校机构、管理主体等多方面的内容。相比于其他教育类型,《2010 国家教育政策》明显对职业教育颇为重视,从策略的绝对数量可以略知一二。学前和小学教育一共有 38 条策略,成人和非正规教育有 17 条策略,中等教育有 19 条策略,伊斯兰教育有 12 条策略,道德宗教教育有 18 条策略,高等教育有 20 策略。《2010 国家教育政策》将职业教育作为重点发展对象,表明孟加拉国政府对职业教育在其整个教育体系中的重要战略地位和未来发展前景的认可与重视,这将有利于提高职业教育在国民心中的地位,促进职业教育培养出高技能熟练人才。

---

① Ministry of Education Government of the People's Republic of Bangladesh. National Education Policy 2010[R].Dhaka,2009:18.

② Ministry of Education Government of the People's Republic of Bangladesh. National Education Policy 2010[R].Dhaka,2009:18.

③ Ministry of Education Government of the People's Republic of Bangladesh. National Education Policy 2010[R].Dhaka,2009:18.

四、《2011 国家技能发展政策》

1.《2011 国家技能发展政策》出台的背景

《2011 国家技能发展政策》是由孟加拉国政府、欧盟委员会和国际劳工组织共同资助的一项历时 5 年、耗资 2000 万美元的职业教育改革项目（TVET Reform Project）的主要成果。孟加拉国政府于 2009 年 6 月成立了国家技能政策协商委员会（National Skills Policy Consultative Committee，NPC），以监督政策草案的制定。2009 年 11 月，孟加拉国全国人民代表大会通过了教育部提交的草案，又经过长达一年半的修改与审核，同时广泛征集国内公众的意见，最终于 2011 年 4 月提交国家技能发展委员会执行委员会（Executive Committee of the National Skills Development Council，ECNSDC）审查核准后正式通过。至此，孟加拉国的《2011 国家技能发展政策》正式出台。

2. 明确"技能发展"的范围和领域

《2011 国家技能发展政策》明确对"技能发展"这一概念做出界定，认为技能发展是"为就业和创业所实施的所有正规和非正规职业、技术和技能教育和培训"[①]。其包括：(1)就业前和生存技能的培训，包括学校内外的职业教育和培训、学徒制等；(2)在职员工的教育和培训，包括工作场所培训；(3)服务于国内和国际市场、面向就业和与工作相关的短期课程，目前不隶属于孟加拉国技术教育委员会管理。[②] 同时，政策中也提到技能发展的范围是有限的，小学和中学的普通教育、大学的专业学位教育等范围以外的管理人员的专业培训、其他非正式机构提供的不以就业为导向的技能培训等，这些内容都不属于这里谈到的技能发展的范围。技能发展的主要目标群体包括青年、妇女、低技能人员、残疾人、移徙者和国内流离失所者、老年工人、少数民族群体和被社会排斥人员；在小型和中型企

①　Ministry of Education Government of the People's Republic of Bangladesh. National Skills Development Police-2011[R].Dhaka,2011:7.

②　Ministry of Education Government of the People's Republic of Bangladesh. National Skills Development Police-2011[R].Dhaka,2011:7.

业、非正规经济、农村部门工作和自营职业的工人。①可以看出,技能发展的目标群体基本包含了社会上所有以就业和生存为导向的一般群体和特殊弱势群体,也包括处于边缘地带的少数民族等,显示出了技能发展的包容性和公平性。

3. 明确技能发展的目标

孟加拉国的技能发展体系面临着许多挑战和问题,例如,缺少统一的国家质量保证办法;职业资格准则不符合职业标准和工资技能标准;课程的开发高度集中、灵活性差、脱离市场需求;现有的职业教育和技能培训体系在项目的质量、相关性和范围方面都存在问题;相关的公共部门之间协调性较差等。这些问题的解决需要重构孟加拉当前的技能发展体系,实施更有效的国家统一管理和监控制度。基于这些问题,《2011国家技能发展政策》提出五大发展目标,包括:(1)明确说明孟加拉国的技能改革议程和技能发展战略;(2)提高孟加拉国技能发展的质量和相关性;(3)建立更灵活和更有针对性的培养机制,更好地满足劳动力市场、个人和整个社会的需要;(4)增加包括妇女和残疾人在内的各类公民的技能发展机会,鼓励行业组织、雇主和工人参与到技能发展中,并提高社区的技能需求;(5)通过不同部门、捐助者、行业组织、公共和私人提供者来更有效地规划、协调和监测技能发展活动。②可以看出,这五大目标涉及技能发展战略及其质量标准,鼓励全社会人员参与其中,突出了对弱势群体特别是妇女和残疾人士的关怀等,实现这些目标将大大增强孟加拉国公民的就业能力,也将大幅提高企业和相关行业的社会生产率和营利能力,进一步减少贫困人口的比例,加强国家的整体竞争力。

4. 发布新的国家技术和职业资格框架(NTVQF)

《2011国家技能发展政策》提出新的国家技术和职业资格框架(National Technical and Vocational Qualifications Framework,NTVQF),扩展了孟加拉国已有的资格框架,以便更好地反映国内和国际劳动力市场

---

① Ministry of Education Government of the People's Republic of Bangladesh. National Skills Development Police-2011[R].Dhaka,2011:12.

② Ministry of Education Government of the People's Republic of Bangladesh. National Skills Development Police-2011[R].Dhaka,2011:11-12.

不断变化的职业和技能需求。

　　新的国家技术和职业资格框架具体包括两级职前教育、五级证书级别和一项文凭级别的职业教育。和以前的资格框架相比,新框架在资格命名上有所变化,具体如表 3-3 所示。

表 3-3　国家技术和职业资格框架的主要内容及其与原有国家技能标准的对应关系

NTVQF 级别	教育类型			原国家技能标准	职位分类
	职前教育	职业教育	技术教育		
NTVQF 6			工程文凭或同等学力	4 年制工程文凭	主管/中层经理/副助理工程师等
NTVQF 5		国家五级技能证书(NSC5)		高级国家技能标准技师	高技能工人/主管
NTVQF 4		国家四级技能证书(NSC4)		国家一级技能标准/高级中学证书(职业类)11 年级和 12 年级	熟练工人
NTVQF 3		国家三级技能证书(NSC3)		国家二级技能标准/初中证书(职业类)10 年级	半熟练工人
NTVQF 2		国家二级技能证书(NSC 2)		国家三级技能标准/初中证书(职业类)9 年级	基础技术工人
NTVQF 1		国家一级技能证书(NSC 1)		国家基础技能标准/行业基础课程	基础工人

续表

NTVQF 级别	教育类型			原国家技能标准	职位分类
	职前教育	职业教育	技术教育		
Pre-Voc2	国家职前二级证书（NPVC2）			无	职前实习生
Pre-Voc1	国家职前一级证书（NPVC1）			无	职前实习生

资料来源：ILO. Qualifications Frameworks：Implementation and Impact［EB/OL］. http://www.ilo.org/wcmsp5/groups/public/@ ed _ emp/@ ifp _ skills/documents/genericdocument/wcms_126595. pdf.2018-08-13.

注：NTVQF 表示国家职业技能资格框架；NPVC 表示国家职前证书；NSC 表示国家技能证书；Pre-Voc 表示职前教育。

可以看出，新的国家技术和职业资格框架引入了双重认证制度，即在原有国家技能等级标准的基础上增添了国家技能等级证书，使顺利完成职业教育学业的学生，如获得中学证书（职业类）和高级中学证书（职业类）的学生不仅可以取得原有的毕业证书，还能得到国家技能等级证书。这一双重认证制度可以增强职业教育体系毕业生的就业竞争力，在一定程度上避免以往职业教育学生在就业市场上认可度较低的现象。

5. 进一步完善国家技能质量保证体系

《2011 国家技能发展政策》引入新的国家质量标准，进一步加强国家技能质量保证体系建设，保证培训机构的设施和设备、培训人员的技能和经验及其管理与业务能力能够达到国家规定的最低标准[①]，确保为学习者提供全国统一的和高质量的培训与评估服务。同时，《2011 国家技能发展政策》再次对职业教育管理部门的职责进行了规定，孟加拉国技术教育委员会将在国家技能发展委员会的指导下负责新的技能质量保证体系

---

① Ministry of Education Government of the People's Republic of Bangladesh. National Skills Development Police-2011［R］.Dhaka，2011：21.

的实施和定期审查。国家技能发展委员会将为技术教育委员会提供必要的人力资源和技术支持。① 从质量标准制定到实施和审查的整个过程来看,逐步完善的技能质量保证体系能够最大限度地保证技能培训的效果,促进职业教育质量达到行业要求。质量标准的进一步完善,也推进了职业教育和培训体系的规范化建设。

6.建立基于能力的培训和评估系统(CBT & A)

《2011 国家技能发展政策》指出,为了使孟加拉国的技能发展体系对当前和未来的行业实际需求做出反应,需要建立并运用基于能力的培训和评估系统(Competency Based Training & Assessment,CBT & A)以实现这一目标。② 这一培训和评估系统将坚持以能力为基础的原则,将工作能力作为评价学生成绩的标准,这有利于促进学生工作技能的不断提高。为推进基于能力的培训和评估系统的建立,《2011 国家技能发展政策》提出要建立职业教育机构与产业部门的紧密对话关系,以清晰界定在工作场所执行不同任务所需的技能和知识,并将这些技能和知识开发成能力单元或标准,作为评估职业教育机构的绩效标准。政府鼓励各行业增强对职业教育机构的参与度,支持其培养更加符合产业需求的毕业生,做到各取所需,实现双赢的局面。

五、第六和第七个国家五年计划

孟加拉国自建国之初便发布五年发展计划,对未来五年的社会政治、经济、文化等各个领域的发展做出规划。第一个五年计划于 1973 年发布,至今孟加拉国已发布了 7 个五年计划。这些五年计划均对职业教育的发展或详细或简略地进行了表述。其中,第六和第七个五年计划在时间上与《2011 国家技能发展政策》相重合,对《2011 国家技能发展政策》的落实进行了更加详细的表述。

第六个五年计划(2011—2015)在分析孟加拉国人力资源结构的基础

---

① Ministry of Education Government of the People's Republic of Bangladesh. National Skills Development Police-2011[R].Dhaka,2011:21.

② Ministry of Education Government of the People's Republic of Bangladesh. National Skills Development Police-2011[R].Dhaka,2011:18.

上认为,截至 2010 年,孟加拉国 15 岁以上的劳动力大军中,仍有约 40％
人的没有受过正规教育①,这严重限制了技能发展的可能性。政府要通
过职业培训项目提高他们的技能水平,增强他们应对市场变化的能力。
但职业教育机构存在着在校生数较低、人才培养与市场脱节、男女性别比
例不平衡、难以发挥促进社会公平和减贫作用等问题。针对这些问题,第
六个五年计划(2011—2015)提出了职业教育与培训发展的 10 大策略,具
体包括:(1)重新定位和加强公立职业教育机构在满足市场需求和服务弱
势群体方面的作用;(2)确保男孩和女孩在职业教育中的机会均等;(3)改
善培训和就业市场之间的联系;(4)提高职业教育和培训在减贫方面的积
极影响;(5)提高计划的效率和质量;(6)体育必修课程由 8 年级起开始实
施,中小学体育教师将通过体育院校和其他培训中心进行专项培训;(7)
将在全国 11 个地区设立青年培训中心,进行技能培训;(8)在计划实施期
间,将在莫瓦、达卡附近和国家足球学院建立全国性的体育场馆;(9)加强
青年交流计划;(10)在有关部门设立妇女体育综合部门。② 可以看出,第
六个五年计划强调增强职业教育与就业市场之间的联系,建立技能培训
中心以进一步提高职业教育质量,增加女性进入职业教育体系的比例,发
挥职业教育促进社会公平的作用。不仅如此,这份计划还首次将体育作
为必修课程重点建设,无论是对体育教师的培训还是对体育场馆的建设
都进行了明确的规定。这显示出第六个五年计划在职业教育的培训课程
规划上更加全面,除了考虑到传统的职业技能课程,更加注重培养身体健
康、具有强烈自信心和爱国主义精神的公民。

通过第六个五年计划的实施,孟加拉国职业教育有了一定的发展,但
依然面临着严峻的挑战。如劳动力的技能水平较低、职业教育体系与市
场脱节、毕业生就业率低、职业教育机构设备不足和陈旧等问题依然严

① General Economics Division(GED),Planning Commission,Government of the People's Republic of Bangladesh.Sixth Five Year Plan FY2011-FY2015 Accelerating Growth and Reducing Poverty[R].Dhaka,2010:332.

② General Economics Division (GED),Planning Commission,Government of the People's Republic of Bangladesh.Sixth Five Year Plan FY2011-FY2015 Accelerating Growth and Reducing Poverty[R].Dhaka,2010:335.

重。① 因此,第七个五个计划(2016—2020)在技能发展方面的主要内容仍然是继续执行《2011 国家技能发展政策》。如推进职业教育多样化发展,满足新兴技术领域的人力需求;鼓励更多妇女参与职业教育,促进性别平等;发展现代化的农业职业教育机构,应对农村经济环境变化和城市化的挑战,促进减贫;鼓励私营部门参与职业教育等。② 可以看出,第七个五年计划在职业教育方面的发展内容建立在《2011 国家技能发展政策》基础之上,并进行了进一步的深化和拓展。如在农村发展方面,其首次提出科技对农业发展以及减缓贫困的重要性,强调通过农业技术的发展推动职业教育机构的转变,使其与农业更好地结合,以培养现代化的农业技术人才。目前,第七个五年计划还在实施中,相关成效还需要进一步观察。

第四节　孟加拉国职业教育发展的优势、问题与趋势

通过分析可以发现,孟加拉国职业教育近年来的改革力度较大,发展较快,在与产业界合作、提高人才培养质量、发挥减贫作用等方面取得了一定的成效。但职业教育依然面临着体系运行低效、内部不公平等问题。随着《2011 国家技能发展政策》等的深入推进,职业教育的质量将进一步增强,其在提升社会人力资源水平、推动经济发展将方面将发挥更好的作用。

一、职业教育发展的优势

1. 职业教育体系相对完整,人才培养层次清晰

孟加拉国职业教育体系在类型上包括正规和非正规职业教育、社会

① General Economics Division(GED), Planning Commission, Government of the People's Republic of Bangladesh.Seventh Five Year Plan FY2016-FY2020 Accelerating Growth and Empowering Citizens[R].Dhaka,2015:546.

② General Economics Division(GED), Planning Commission, Government of the People's Republic of Bangladesh.Seventh Five Year Plan FY2016-FY2020 Accelerating Growth and Empowering Citizens[R].Dhaka,2015:546.

和企业培训等,学校教育与社会、企业培训有效互补。在层次上,正规职业教育体系涵盖初级基础培训项目、中学阶段的证书教育、高等教育阶段文凭教育、学士学位教育等多个层次,学生可以在多个阶段结束后选择进入就业市场或继续学习,体系相对灵活。学生获得学士学位后还可以继续攻读工程硕士和博士学位,体系内上升学习的通道顺畅。

2. 职业教育管理机构职责明确,管理体系相对完善

国家技能发展委员会、教育部及其下设的技术教育局和孟加拉国技术教育委员会,以及外籍福利和海外就业部下设的人力、就业和培训局等多个部门协同对职业教育进行管理,各部门的职责分工相对明确,管理领域覆盖正规和非正规职业教育,管理体系和制度比较规范。

3. 私立职业教育比较发达,为公立职业教育提供了有效补充

孟加拉国约有 5538 家经认证的私立机构①提供正式的职业教育课程,政府重视私立机构在职业教育中的重要作用。据亚洲开发银行统计,早在 2011 年政府即向 1600 多家私立机构发放补贴。② 同时,私立机构面向市场需求开发课程,经营比较灵活,更能满足劳动力市场对技术技能的需求,弥补了公立机构的不足。

二、职业教育体系的问题

随着社会经济的发展,当前孟加拉国职业教育暴露出诸多问题。如正规职业教育机构的影响很小,证书项目的毕业生仅为该阶段毕业生的1.8%,文凭课程毕业生仅占该阶段毕业生的 1.4%。③ 职业教育整体质量不高,毕业生职业技能熟练程度不足,整体就业率较低。如 2016 年 IC

---

① Bangladesh Bureau of Statistics. 2016 Statistical Year Book Bangladesh[R]. Dhaka,2017:417.

② Asian Development Bank. Innovative Strategies in Technical and Vocational Education and Training for Accelerated Human Resource Development in South Asia: Bangladesh[R].Mandaluyong City,Philippines,2015:18.

③ ILO. Qualifications Frameworks: Implementation and Impact [EB/OL]. http://www.ilo.org/wcmsp5/groups/public/@ed_emp/@ifp_skills/documents/genericdocument/wcms_126595.pdf.2018-08-13.

网有限公司的调查报告直接指出,由于职业教育未能发挥有效作用,孟加拉国缺乏拥有技术知识和职业技能的人才,使得工业部门的产值增长受到严重阻碍。[①]　总体而言,孟加拉国的职业教育主要问题体现在以下三个方面:

1. 职业教育体系与孟加拉国的经济和社会发展相关性低

首先,职业教育体系与雇主和劳动力市场缺乏足够的联系,毕业生能力和雇主需求之间脱节。职业教育体系缺乏雇主的有效参与,雇主不能参与政策制订和课程开发,也不能提供培训师资,无法通过和培训机构的合作表达自身的实际需求。职业教育课程开发往往没有系统地收集劳动力市场的实际需求信息,课程内容与市场需求不衔接。这种不衔接在文凭工程师的教育中更为突出,该阶段课程学习过于理论化,学生对技术的掌握和技能训练不足。其次,职业教育体系学生就业率较低,服务经济社会发展的贡献度较低。如一项世界银行对 2302 名 2003 年毕业于职业教育机构学生的跟踪调研显示,其失业率高达 46.8%,在各个层次的正规职业教育中,行业基础类课程毕业生失业率最高,达 58.1%。(见表 3-4)[②]再次,脱离市场需求、就业率低也导致了职业教育在社会上的认可度较低。学生完成 8 年级学业后更愿意进入普通教育领域继续深造,但每年只有约 15% 的高中毕业生可以进入大学或者学院,大多学生不惜直接工作或辍学也不愿意进入职业教育体系学习。

表 3-4　正规职业教育和培训学生毕业以后的就业情况

单位:%

类型	就业	自主创业	进入高等教育继续学习	失业	总计
行业基础	14.1	4.0	23.7	58.1	100
初级中学证书（职业类）	3.1	0.9	47.4	48.7	100

①　Malik,S.Lack of Technical Knowledge Preventing Industrial Sector Growth[R].Dhaka:Tribune,2016.

②　Asian Development Bank.Innovative Strategies in Technical and Vocational Education and Training for Accelerated Human Resource Development in South Asia:Bangladesh[R].Mandaluyong City,Philippines,2015:37.

续表

类型	就业	自主创业	进入高等教育继续学习	失业	总计
高级中学证书（职业类）	28.6	1.1	20.9	49.5	100
高级中学证书（商贸管理）	4.7	0.7	53.5	41.1	100
文凭和其他	18.2	2.4	32.9	46.4	100
总计	7.3	1.3	44.7	46.8	100

2. 职业教育体系的运行效率较低

职业教育只有达到既定的培训质量和管理绩效目标，才能真正体现其体系优势，优质的培养质量对提高毕业生就业率和促进其在职发展尤其重要。但是，当前孟加拉国职业教育体系的运行效率较低。首先，正规职业教育的课程设置较多，人才培养周期较长。职业教育年限与普通教育的周期完全相同，人才培养方案和课程设置未能充分考虑到实际就业市场的需求，培训方案不够科学规范，难以及时根据市场变化做出调整和优化，没有突出职业教育在培养就业能力方面的效率优势。其次，职业教育领域对现代信息技术的运用还处于起步阶段，现代信息技术未能发挥提高教育教学效率的作用。虽然孟加拉国政府在 2009 年出台了一项国家信息和通信技术政策，力求在 2021 年之前建成"数字孟加拉国"，并致力于在职业教育机构全面引进信息技术，但是由于许多因素的干扰，目前这一项目在职业教育体系内的进展缓慢。① 再次，职业教育师资队伍力量薄弱影响了人才培养的质量。孟加拉国职业教育学校和机构的教师缺乏专业培训，教师数量较少，并且大部分教师没有实践经验。如技术教育局的报告显示，由于工作机制和经费等多种原因，约有 2276 个教师和工作人员的职位未能及时招聘而空缺了很长时间，影响了教学工作的开

---

① Current Trends and Issues in TVET of Bangladesh[Z].Dhaka：IGI Global，2017：45.

展。① 最后,职业教育经费投入不足。大多数职业学校和机构的实操工具和机器设备存在陈旧和老化的问题,缺少相关设备的维修和购置预算,影响了教学设备的购买和更新,难以支撑教学的有效进行。

3. 职业教育体系内部不公平现象突出

首先,职业教育发展的区域间不均衡问题严重。多数职业教育机构集中于城市地区,而在占有人口总数 80% 的农村地区,机构设立较少。如 2017 年的数据显示,45% 的院校分布于首都达卡和拉杰沙西(见图 3-2)。贫困地区的收费私立学校学生比例远远高于富裕地区,家庭经济贫困的适龄青年往往因无力承担学费而离开职业教育系统。其次,职业教育内部性别不平等问题突出。正规职业教育机构中,只有 7% 的女性入读公立机构,其他 93% 的人在私立院校学习并支付学费。② 相比之下,公立机构费用较低,男生数量也相对较多。再次,职业教育难以惠及社会弱势群体。由于须完成 8 年级学业才能进入正规职业教育体系,而多数贫困人口、童工、妇女等弱势群体无法达到这一最低入学要求,因而被排除在外。

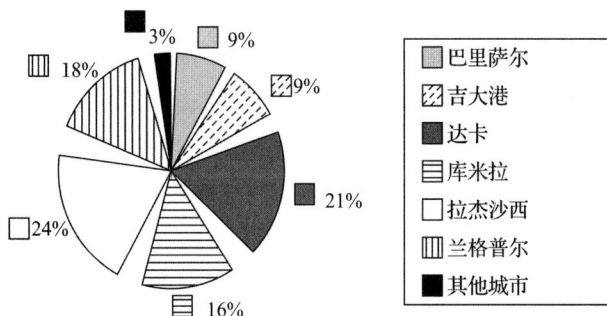

图 3-2　2017 年孟加拉国职业教育机构区域分布图

资料来源:BANBEIS. Bangladesh Education Statistics 2017[EB/OL]. http://data.banbeis.gov.bd/images/ban07. pdf.2018-08-13.

---

① Barei,B.Technical Education:The Most Important Sector for Creating Skilled Manpower Neglected[R].Dhaka:The Daily Janakantha (Peoples Voice),2014.

② Asian Development Bank. Innovative Strategies in Technical and Vocational Education and Training for Accelerated Human Resource Development in South Asia: Bangladesh[R].Mandaluyong City,Philippines,2015:41.

三、孟加拉国职业教育的发展趋势分析

近年来,孟加拉国政府将职业教育作为教育领域的优先发展事项,颁布了一系列的政策文件以促进职业教育更好地发展。其中的《国家减贫战略计划(2005—2008)》《孟加拉国 TVET 改革项目(2007—2012)》和《2011 国家技能发展政策》等多项文件影响较大,并有力地推动了职业教育的发展。

1. 职业教育体系将更加开放、包容

受学生"必须完成 8 年级学业后才能进入职业教育体系学习"政策的限制,孟加拉国职业教育的规模远低于普通教育。由于家庭经济困难等多种因素影响,部分学生可能在完成 8 年级学业前便已离开教育体系进入劳动力市场,职业教育入学人数不足适龄中学生总数的一成。为解决这一问题,增强职业教育体系的开放性,《国家减贫战略计划(2005—2008)》提出要适当放宽入学年限要求,政府出资为 6 年级和 7 年级的学生提供课后职业培训。同时,该文件还提出要进一步扩大不同群体参与职业教育的比例,尤其要提高女性接受职业教育的比例,"到 2020 年将在职业教育体系内接受学习的中等及以上学生比例提高到 20%"[1]。后续的减贫计划等进一步强调了这一目标。2015—2016 年,孟加拉国职业教育的入学率约达到 14%[2],相比于 2005 年 3%的入学率[3]已经有了明显提升。

为进一步增强职业教育的开放性,《2011 国家技能发展政策》引入了国家技术与职业资格框架(National Technical and Vocational Qualifications

---

① IMF. International Monetary Fund. Bangladesh: Poverty Reduction Strategy Paper[R].Washington,2005:128.

② Ashoke Kumar Biswas. Boosting Enrollment in TVET: Bangladesh Perspectives [J].Dhaka:International Conference on Skills for the Future Word of Work and TVET for Global Competitiveness,2017:84.

③ IMF. International Monetary Fund. Bangladesh: Poverty Reduction Strategy Paper[R].Washington,2005:127。

Framework,NTVQF)和先前学习认证体系(Recognition of Prior Learning,RPL)①,通过对学生在日常生活中获得的知识和技能进行认证,并颁发相应的国家技能证书,为他们进入正规职业教育体系拓宽通道,进一步扩大了职业教育的受众范围,让更多的人参与职业技能发展活动,职业教育体系的包容性进一步提升。

2. 职业教育体系与经济社会发展的融合程度进一步提升

针对职业教育体系与经济发展相关性较低、毕业生能力与市场需求的适应程度较低等问题,孟加拉国政府通过多种途径推动职业教育机构与产业界合作,培养产业发展需要的人才。如在《2010 国家教育政策》中提倡雇主与职业教育机构进行直接合作,建立新的职业教育机构,将产业界发展需求及时反馈到人才培养过程中;推动建立新的技能数据系统(National Skills Data System),提供劳动力市场技能需求、与供需匹配相关的数据,连接学校人才培养与产业界的人才需求。这样一方面雇主可以与职业教育机构进行交流合作,联合培养的模式能够让雇主选择到自己满意的人才;另一方面职业教育机构也能真正了解雇主以及劳动力市场的实际需求,制定更加合理的培养方案,让毕业生能够真正学习到劳动力市场所需要的实际技能,提升就业率。

此外,国家技术与职业资格框架的实施也推动了职业教育机构与产业界的合作,提高了人才培养的市场针对性。例如,在国家技术与职业资格框架下,各行业技能委员会(Industry Skills Council)组建了由主要来自产业界,部分来自孟加拉国技术教育委员会、技术教育局、人力就业和培训局(BMET)、非政府组织和私立培训机构的代表组成的标准和课程开发委员会(the Standards and Curriculum Development Committee,SCDC),共同开发各专业的标准和课程,推动产业界发展的最新动态和需求融入人才培养过程。

3. 职业教育更加关注弱势群体,促进社会公平和减少贫困的作用进一步发挥

孟加拉国政府一直重视发挥职业教育的减贫作用。《国家减贫战略

---

① Ministry of Education Government of the People's Republic of Bangladesh. National Skills Development Police-2011[R].Dhaka,2011:37.

计划(2005—2008)》将增加女性在职业教育体系中的注册比例作为主要目标,鼓励更多适龄学生尤其是贫困地区的人口参与职业教育;《2010 国家教育政策》特别关注残疾学生参与职业教育的机会;《2011 国家技能发展政策》的五大发展目标之一就是"改善包括妇女和残疾人在内的各类公民的技能发展机会,鼓励行业组织、雇主和工人参与到技能发展中,并提高社区的技能需求"①。这些举措显示出孟加拉国政府对弱势群体的关注度持续增加,尤其是关注女性权利的提升。经过一系列的努力,孟加拉国职业教育体系内女性注册的比例在 2015 年已达 24%。②

　　2018 年 3 月,联合国发展政策委员会(Committee for Development Policy,CDP)宣布,孟加拉国已顺利通过 2018 年评审,可以从最不发达国家进入到发展中国家行列。③ 这一成绩的取得,离不开职业教育人力资源开发作用的有效发挥。正在实施的第七个国家五年计划(2016—2020)提出,要鼓励更多妇女参与职业教育,以保证两性的权利平等,并通过应用信息通信技术(ICT)提高职业教育的效率,实现社会公平、性别平等、机会平等,培养和储备信息化人才,满足本地及海外就业的需求。④ 同时,在促进信息与通信技术相关的职业培训方面,孟加拉国已经在全国 64 个技术教师培训机构各建设 4 个多媒体教室,以培养职业教育的信息技术师资;人力、就业和培训局(BMET)也开始为流动工人开办网上学习课程,提供相应的职业技术培训。⑤ 这些举措进一步增强了职业教育的开放性,扩大了弱势群体接受职业教育的机会,提升了弱势群体的职业技能,推动职业教育发挥技能减贫、促进社会公平的作用。

---

　　① Ministry of Education Government of the People's Republic of Bangladesh. National Skills Development Police-2011[R].Dhaka,2011:11-12.

　　② Bangladesh Bureau of Statistics.2016 Statistical Year Book Bangladesh[R]. Dhaka,2017:417.

　　③ 鹿铖.孟加拉国步入发展中国家行列[N].光明日报,2018-04-22(8).

　　④ General Economics Division (GED), Planning Commission, Government of the People's Republic of Bangladesh. Seventh Five Year Plan FY2016-FY2020 Accelerating Growth and Empowering Citizens [R].Dhaka,2015:546.

　　⑤ General Economics Division (GED), Planning Commission, Government of the People's Republic of Bangladesh. Seventh Five Year Plan FY2016-FY2020 Accelerating Growth and Empowering Citizens [R].Dhaka,2015:557.

第四章　斯里兰卡职业教育

斯里兰卡是"一带一路"沿线南亚八国之一。2016 年,斯里兰卡中国企业商会与斯里兰卡南方发展局联合成立了"中斯联合职业技能技术培训中心",中斯双方在职业教育领域进行合作。① 2017 年,宁波职业技术学院与斯里兰卡职业技术大学(University of Vocational Technology,UVT)签署了备忘录,在师资培训、学生交流和课程开发等领域进行合作。② 在此背景下,对斯里兰卡职业教育系统进行研究,具有十分重要的现实意义。此外,斯里兰卡的职业教育系统在南亚诸国中具有典型性和代表性。然而,目前国内有关斯里兰卡职业教育系统的研究成果寥寥无几。因而,对斯里兰卡职业教育系统进行研究,便具有十分重要的理论意义。基于上述两方面的原因,下面对斯里兰卡职业教育系统的特点、面临的挑战以及发展趋势进行了研究。

第一节　斯里兰卡职业教育系统的特点

斯里兰卡的职业教育已有 120 多年的历史,其诞生标志为 1893 年政府技术学校(Government Technical School)的成立。政府技术学校的旧址本是一个翻新的咖啡店,它位于首都科伦坡马拉达娜(Maradana)的锡

① 新华网.中斯联合培训斯里兰卡工人职业技能[EB/OL].http://news.xinhuanet.com/world/2016-11/13/c_129362103.htm.2017-04-26.

② UNIVOTEC.MOU was Signed by the University of Vocational Technology & NINGBO Polytechnic [EB/OL].http://univotec.ac.lk/index.php/memorandum-of-understanding-was-signed-by-the-university-of-vocational-technology-ningbo-polytechnic/.2017-05-27.

兰国营火车站终点大厦附近。成立之初,政府技术学校仅包括一个小的工作坊、一个实验室、一间讲堂和一间教室,招收的首批学生仅有 25人。① 20 世纪 90 年代,斯里兰卡已经形成了相对完整的职业教育系统,诸多职业教育机构在此期间成立。

发展至今日,斯里兰卡的职业教育系统日趋完善,该系统现处于技能发展与职业培训部(Ministry of Skills Development and Vocational Training)的管辖之下。其中,1991 年成立的高等与职业教育委员会(Tertiary and Vocational Education Commission,TVEC)是技能发展与职业培训部的最高权力机构,主要负责开发并审订国家高等与职业教育协调发展的政策和规划、建立并维护职业教育机构的标准、设计并保障国家职业资格制度、规划并实施国家职业测试与认证系统,以确保职业教育系统的高效运转,使之能够满足经济社会发展与劳动力市场不断变化的需求。② 职业教育机构(Technical and Vocational Education and Training Institutes)、国家职业资格框架(National Vocational Qualification Framework,NVQF)分别为斯里兰卡职业技术教育与培育系统的"硬件"和"软件"。"硬件"类型多样,在系统中发挥各自职能;"软件"层级分明,在系统中负责统筹协调。

一、职业教育机构的类型多样

多样化的机构类型是斯里兰卡职业教育系统的一个显著特征。这些机构包括公立和私立的职业教育供给方、标准和课程开发署、监管机构等。③ 这些机构各司其职,在职业教育系统内扮演着不同的角色并发挥特有的职能。其中,监管机构为上面述及的高等与职业教育委员会。下面主要介绍四类重要的公立职业教育机构,分别为:技术教育与培训部门

① DTET.Overview:Development of Technical Education in Sri Lanka〔EB/OL〕. http://www. dtet. gov. lk/web/index. php? option = com _ content&view = article&id=103&Itemid=13&lang=en.2017-04-27.

② TVEC.Our Objectives〔EB/OL〕.http://www.tvec.gov.lk/English/about_us.htm.2017-04-27.

③ UNEVOC.World TVET Database-Country Profiles Sri Lanka〔EB/OL〕. http://www. unevoc. unesco. org/go. php? q = World + TVET + Database&lang = en&ct=LKA.2017-04-27.

(Department of Technical Education and Training，DTET)、职业技术大学、职业培训局(Vocational Training Authority，VTA)、国家学徒与工业培训局(the National Apprenticeship and Industrial Training Authority，NAITA)。

1. 技术教育与培训部门

技术教育与培训部门出现于 1893 年。其致力于成为一个国际知名的、处于领先地位的职业教育供给方，并把提供高质量的、国际认可的职业教育服务作为发展使命。目前，共有 28 所技术学院(Technical Colleges)被归入技术教育与培训部门。斯里兰卡共有 9 个省，目前每个省各有 1 所技术学院升格为科技学院(Colleges of Technology，CoTs)，其也被归入技术教育与培训部门。技术学院主要开展国家职业资格框架 3 级和 4 级的职业资格证书培训，而科技学院则主要负责国家职业资格框架 5 级和 6 级的学历文凭教育。与之对应的是，在课程设置方面，技术教育与培训部门所辖学校大都开设长期的资格证书课程和学历文凭课程。① 技术教育与培训部门的招生规模较大，2015 年的招生总数为 19864 人，其中男生 12040 人、女生 7824 人。②

2. 职业技术大学

职业技术大学的前身是斯里兰卡国家技术教育机构(National Institute of Technical Education of Sri Lanka，NITESL)。2008 年，根据《职业技术大学法案》的要求，斯里兰卡国家技术教育机构变更为职业技术大学。职业技术大学的主要职责在于为已经获得国家职业资格框架 6 级学历证书，希望继续接受职业教育，以获得国家职业资格框架 7 级学士学位证书的学习者提供服务。此外，职业技术大学还有两项使命：一是负责设计和开发职业教育领域的相关课程，课程模块应融合理论知识和实践技能，使其符合国家职业资格框架的标准和要求；二是针对职业教育领

---

① DTET.Overview：Technical Education Today［EB/OL］.http://www.dtet.gov.lk/web/index.php? option＝com_content&view＝article&id＝103&Itemid＝13&lang＝en.2017-04-27.

② LMIS.Supply of Labor：Recruitments & Competitions in Training Institutions by Sector［EB/OL］.http://www.tvec.gov.lk/lmi/labour_market_vocational_training.php#Section2.2017-04-29.

域的师资开展教学方法的培训,使其兼具理论和实践教学能力,以提高职业教育领域师资的整体水平。① 职业技术大学的招生规模较小,2015 年的招生总数为 799 人,其中男生 508 人、女生 291 人。②

3. 职业培训局

职业培训局成立于 1995 年。它秉持"获得技能是实现生存的基础,实现就业是获得技能的目标"的理念,通过职前教育与培训为占全国 72% 的农村人口和弱势群体提供职业教育服务,帮助他们在劳动力市场找到合适的工作机会。成立之初,只有 35 所培训中心处于职业培训局的管辖之下。时至今日,培训中心的数量扩张至 261 所,职业培训局已成为全国最大的培训网络掌管者。其中,农村职业培训中心(Rural Vocational Training Centers,RVTCs)的数量为 224 所、区域职业培训中心(District Vocational Training Centers,DVTCs)的数量为 22 所、国民职业培训中心(National Vocational Training Centers,NVTCs)的数量为 7 所、特殊职业培训中心(Special Vocational Training Centers,SVTCs)的数量为 8 所。③ 目前,职业培训中心的数量仍处于不断变化调整之中,以满足更多学习者对职业教育的需求。职业培训局主要负责开展国家职业资格框架 1～4 级的职业资格证书培训,2015 年招生总数为 28745 人,其中男生 17563 人、女生 11182 人。④

4. 国家学徒与工业培训局

国家学徒与工业培训局成立于 1990 年。它的使命在于满足行业领

---

① UNEVOC. World TVET Database-Country Profiles Sri Lanka [EB/OL]. http://www.unevoc.unesco.org/go.php? q = World + TVET + Database&lang = en&ct=LKA.2017-04-27.

② LMIS.Supply of Labor:Recruitments & Competitions in Training Institutions by Sector [EB/OL]. http://www.tvec.gov.lk/lmi/labour_market_vocational_training. php#Section2.2017-04-29.

③ VTA.About Us [EB/OL].http://www.vtasl.gov.lk/vta/who_we_are.php. 2017-04-28.

④ LMIS.Supply of Labor:Recruitments & Competitions in Training Institutions by Sector [EB/OL]. http://www.tvec.gov.lk/lmi/labour_market_vocational_training. php#Section2.2017-04-29.

域对技术技能人才的需求,其受众囊括了大、中、小型企业。作为开展学
徒制培训的领导机构,国家学徒和工业培训局下辖三个国家培训机构,分
别是:学徒培训机构(Apprenticeship Training Institute,ATI)、汽车工程
培训机构(Automobile Engineering Training Institute,AETI)和工程技
术机构(Institute of Engineering Technology,IET)。规划、组织并提供
职业培训,厘清并制定职业能力相关标准是国家学徒与工业培训局的两
项主要职能。除此之外,它的职能还包括:开展职业培训方面的研究与调
查,组织技能竞赛以促进多种技能的发展,为高等与职业教育委员会提供
职业培训方面的咨询和建议。① 国家学徒与工业培训局主要负责开展国
家职业资格框架 1~4 级的职业资格证书培训,2015 年招生总数为 22555
人,其中男生 14763 人、女生 7792 人。②

表 4-1　斯里兰卡 4 个重要公立职业教育机构的概况(2012 年)

单位:项

机构名称	成立时间	所辖机构数量	开设课程数量	
			兼读课程(Part Time)	全日制课程(Full Time)
技术教育与培训部门(DTET)	1893	38	15	76
职业技术大学(UNIVOTEC)	2008	1	17	7
职业培训局(VTA)	1995	261	38	65
国家学徒与工业培训局(NAITA)	1990	85	4	91

资料来源:TVEC.Statistics of Ministry of Youth Affairs and Skills Development.
[EB/OL].http://220.247.221.26/Insreg_Home/Insreg_Institute_Search.php.2017-07-18.

二、国家职业资格框架统筹系统的发展

2004 年,斯里兰卡建立了国家职业资格框架。2006 年,国家职业资

① NAITA. Overview:Our Objectives [EB/OL]. http://www. naita. gov. lk/
index. php? option = com_content&view = article&id = 65&Itemid = 34&lang = en.
2017-04-28.
② LMIS.Supply of Labor:Recruitments & Competitions in Training Institutions by
Sector [EB/OL]. http://www. tvec. gov. lk/lmi/labour_market_vocational_training.
php♯Section2.2017-04-29.

格框架的1～4级开始实施和生效。然而,此时的国家职业资格框架并未引起社会的广泛关注。伴随着科技学院能够颁发5～6级学历文凭、职业技术大学能够颁发7级学士学位证书这一变化的出现,国家职业资格框架逐渐成为多方关注的焦点。目前,是否拥有国家职业资格相关证书已成为能否在政府部门工作和衡量薪资水平高低的重要标准,国家职业资格框架已成为统筹职业教育系统发展的核心要素。[①]

1. 国家职业资格框架的层级

斯里兰卡的国家职业资格框架共包括7个层级,有关7个层级的基本规定主要借鉴了新西兰国家资格框架(New Zealand National Qualifications Framework)的相关内容。对资格的层级划分主要基于以下三个要素:一是工序复杂程度的高低,二是对学习者学习要求的多少,三是工作岗位所承担责任的大小。其中,1～4级颁发国家职业资格证书(National Certificate)、5～6级颁发国家学历文凭证书(National Diploma)、7级颁发学士学位证书(Bachelor's Degree)。(见表4-2)

表4-2 斯里兰卡国家职业资格框架层级

层级	资格	基本规定
1级	国家资格证书	掌握职业入门能力
2级	国家资格证书	职业能力逐级提升 4级表明技艺精湛(Full Craftsmanship)
3级		
4级		
5级	国家学历文凭	掌握监督和过程管理能力
6级		
7级	学士学位	掌握学士水平相应能力

资料来源:TVEC. Operations Manual for National Vocational Qualifications[EB/OL]. http://www.tvec.gov.lk/pdf/NVQ_Operations_Manual.pdf. 2017-04-30.

---

① B.Panth,R.b.Caoli-Rodriguez.Competence-based Training in South Asia[M]. Berlin:Springer International Publishing,2017:455-456.

2. 国家能力标准与课程体系

究其本质,"资格"(Qualification)是对"能力"(Competency)的证明,用以证明资格获得者满足了劳动力市场上某一特定岗位的能力要求。因此,斯里兰卡的国家能力标准(National Competency Standards,NCS)是国家职业资格框架的核心,它对学习者所应掌握的知识、能力、技术和情境性应对(Situational Coping,SC)做了明确规定,这与南亚诸国能力本位培训(Competence-based Training,CBT)的理念一脉相承。斯里兰卡国家能力标准设计和开发主要由高等与职业教育委员会、国家学徒与工业培训局、行业技能协会(Industry Sector Skills Council,ISSC)三个机构合作完成。这三个机构的合作实现了职业教育领域和行业企业领域的有效对接和无缝衔接,确保了国家能力标准兼具科学性和适切性,有助于改善斯里兰卡技术技能人才的供需状况。

国家能力标准厘清了国家职业资格框架中某一特定资格所需能力,能力本位的课程体系则是对所需能力涉及的所有要素的进一步阐释和解读。课程体系的设计与开发机构包括四个,分别为:高等与职业教育委员会、技术教育与培训部门、职业技术大学和行业技能协会。课程体系的模块结构通常包括能力标准、知识基础、软技能、工作环境描述、授课基本原则和注意事项等要素。其中,国家职业资格框架1~4级涉及的课程还包括教师手册与学生手册。2013 年,斯里兰卡的职业教育机构共开设了5950 门课程,其中的 1119 门(23%)得到了国家职业资格框架的认证。[①]需要注意的是,国家能力标准与课程体系都是每 4 年修订一次。[②]

3. 国家职业资格框架的学分系统

斯里兰卡国家职业资格框架的学分系统是对欧洲学分转换与累积系统(European Credit Transfer Accumulation System,ECTAS)的沿袭,其功能在于实现职业资格证书与学历资格证书之间的衔接。在欧洲学分转换与累积系统中,获得 1 学分理论上需要学习 20~30 小时。20~30 小

---

① B.Panth,R.b.Caoli-Rodriguez.Competence-based Training in South Asia[M].Berlin:Springer International Publishing,2017:455-456.

② TVEC.Operations Manual for National Vocational Qualifications [EB/OL].http://www.tvec.gov.lk/pdf/NVQ_Operations_Manual.pdf.2017-04-30.

时包括了学习者的自学时间,除去自学时间,其他形式的学习时间通常有15小时。斯里兰卡的基础教育系统在学习者自学能力的开发与培养方面有所欠缺,导致职业教育系统需要在传统面授教学上耗费较多时间。对于斯里兰卡的学习者而言,获得1学分至少需要25小时的学习时间,学习者亟须获得整理学习档案、记录实践经验、分组作业和项目作业等几种自学能力。一般而言,学习者一学期需获得30学分。鉴于职业教育系统的诸多课程涉及在职培训(On the Job Training),在学习国家职业资格框架4级及以上课程时,在职工作75小时可以抵偿1学分,但3个月内通过此种方式最多只能获得4学分。获得5级学历资格证书至少需要累积60学分,其中至多20学分来自3~4级,至少40学分来自第5级;获得6级学历资格证书则至少需要累积120学分,其中至多20学分来自3~4级,至多50学分来自第5级,至少50学分来自第6级。[①]

4. 国家职业资格框架的评估系统

国家职业资格框架的评估系统是能力本位的评估系统(Competence-Based Assessment,CBA)。一方面,能力本位的评估基于真实的工作岗位或场景需求展开,评估标准主要参照国家能力标准中的相关规定。评估方式主要包括两种:一是形成性评估(Formative Assessment),此种评估方式要求教师或评估人员根据学习者的能力发展状况提供经常性的反馈意见和建议。形成性评估在国家职业资格框架的不同层级所占比重不同,其中:1~2级的形成性评估所占比重为75%,3~4级所占比重为50%,5~6级所占比重为40%。二是总结性评估(Summative Assessment),此种评估方式一般发生在课程结束之后,由教师或评估人员对学习者累积获得的能力水平进行总结性检查和评价。先前学习验证(Recognition of Prior Learning)也属于总结性评估的范畴,主要对工作岗位上的非正式学习所获得的能力进行评估。另一方面,能力本位的评估需要大量的佐证材料。佐证材料种类繁多,通常包括考试和测验成绩单、结业证书、同行评议报告、任务完成证明书以及视频证明材料等。学生档案由上述佐证材料组成,教师或评估人员需要定期对学生档案进行

① TVEC.Operations Manual for National Vocational Qualifications [EB/OL]. http://www.tvec.gov.lk/pdf/NVQ_Operations_Manual.pdf.2017-04-30.

审查,并提供形成性反馈,以帮助学习者完善佐证材料、提高能力水平。教师或评估人员的形成性反馈将保留在学习进度记录簿(Student Progress Record Book)中,并成为学生档案的重要组成部分。在总结性评估阶段,教师或评估人员将对学生档案进行全面且细致的审查,据此确定学习者的评估等级。评估等级共计五个,分别为:非常优秀、优秀、良好、及格和不及格,这五个等级对应的分数分别为 70 分及以上①、55～69分、40～54 分和 0～39 分。前四个评估等级皆可获得相应的国家职业资格证书,第五个评估等级将不被授予资格证书。教师或评估人员需要为评估不合格的学习者提供改进和提升建议。②

第二节　斯里兰卡职业教育系统的内部挑战

斯里兰卡的职业教育系统面临的内部挑战较为繁杂,我们主要从历时性视角,就招生入学、人才培养和就业服务三个方面对斯里兰卡职业教育系统面临的挑战进行分析。

一、弱势群体的入学机会偏低,制约教育公平的实现

斯里兰卡的政府部门意识到了职业教育在缓解社会矛盾与冲突、促进社会和谐与稳定方面发挥的重要作用,并制订了《弱势群体接受职业教育的国家战略(2010)》[The National Strategy on TVET Provision for Vulnerable People in Sri Lanka(2010)]。该战略重点关注女性、残疾人、童工、低收入者和移民等几类弱势群体,并计划在职业教育的财政支持、项目安排等方面予以倾斜。然而,斯里兰卡目前尚未形成具体的操作细则和可行的运作机制,弱势群体接受职业教育的机会不平等问题仍然十分严峻。以女性接受职业教育的机会为例,2011—2015 年,斯里兰卡职

---

① 根据原始文献,"70 分及以上"包含"优秀"和"非优秀"两个等级,但具体如何划分,原文献未做说明。

② TVEC.Operations Manual for National Vocational Qualifications [EB/OL]. http://www.tvec.gov.lk/pdf/NVQ_Operations_Manual.pdf.2017-04-30.

业教育系统每年的招生数量在 16 万人左右,其中,招收女生的数量远远低于男生,每年的招生差距在 1~3 万人,而斯里兰卡的职业教育适龄人口中男女比例基本相当,这表明女性接受职业教育的机会少于男性,不平等问题十分突出。此外,在斯里兰卡的职业教育系统中,公立机构占据主导地位。私立机构虽然有了一定程度的发展,但是其综合实力和教育质量仍然无法与公立机构匹敌。① 目前,斯里兰卡的私立职业教育机构招收男生和女生的比例基本相当,男女招生差距主要集中在公立职业教育机构中,这表明女性缺少接受相对优质的职业教育的机会,这进一步制约了教育公平的实现。(见表 4-3)

表 4-3　斯里兰卡职业教育机构招生数量

单位:人

机构类型	性别	2011	2012	2013	2014	2015
公立机构	男	—	60487	66102	77704	70162
	女	—	42122	46467	49567	47159
	总	—	102609	112569	127271	117321
私立机构	男	28737	20560	17317	26028	29764
	女	24122	24962	26376	25027	26336
	总	52859	45522	43693	51055	56100

资料来源:LMIS.Supply of Labor:Recruitments & Competitions in Training Institutions by Sector[EB/OL].http://www.tvec.gov.lk/lmi/labour_market_vocational_training. 2017-04-29.

二、国家职业资格框架存在缺陷,限制人才培养质量的提升

国家职业资格框架是统筹职业教育系统协调发展、保障技术技能人才培养质量的关键。目前,斯里兰卡的国家职业资格框架有待完善,其问题集中体现在下述三个方面。第一,对"资格"的解读不到位。斯里兰卡《国家职业资格框架操作手册(2009)》中有关各层级"资格"的描述较为含

① B.Panth,R.b.Caoli-Rodriguez.Competence-based Training in South Asia[M]. Berlin:Springer International Publishing,2017:455-456.

糊,模棱两可的规定较多。此外,对国家职业资格框架较低层级"资格"的理解往往过于窄化。这严重影响了能力标准的制定和各层级"资格"之间的有序衔接,并导致不同层级人才培养质量的标准难以厘清。第二,能力标准的兼容性不强。能力标准的开发者在设计能力单元(Unit of Competency)时缺少明确的指导方针,有些能力单元仅仅是对从业者能够生产何种产品的描述,并未反映出从业者所具备的"应然"能力。此外,从业者应该掌握的知识也未在能力标准中得到具体体现。这势必降低能力标准的兼容性和协调性,导致一些相对窄化的职业资格囿于单一能力的培养,进而影响了人才复合能力的培养。第三,国家职业资格框架认证的课程所占比例不高。目前,斯里兰卡得到国家职业资格框架认证的课程仅占三成左右。未经认证的课程不仅存在课程模块失范和课程要素缺失的弊端,而且无法与经过认证的课程实现有效兼容。这阻碍了职业教育系统的协调发展,限制了人才培养质量的提升。①

三、就业指导与咨询服务偏弱,妨碍系统的稳定发展

斯里兰卡每年约有 170000 名学生参加高中毕业考试(GCE-A Level),但能够进入大学学习的学生仅有 12500 名左右。为了在劳动力市场实现顺利就业,剩余的学生则会进入职业教育系统,选择接受职业教育。② 从毕业生数量来看,2011—2015 年,斯里兰卡职业教育系统每年的毕业生数量在 10 万人以上。其中,公立职业教育机构每年的毕业生数量在 8 万人左右,私立职业教育机构每年的毕业生数量在 2 万人以上。(见表 4-4)大量毕业生的涌入给斯里兰卡的劳动力就业市场带来了巨大压力,并导致了较高的失业率。据《斯里兰卡国家人力资源报告》的统计,2014 年斯里兰卡青年(15~29 岁)人口的失业率高达 18.5%。③ 在此背

---

① S.Majumdar,(ed.).Emerging Challenges and Trends in TVET in the Asia-Pacific Region[M].Rotterdam:Sense Publishers.2011:213-218.

② DTET. Overview: Vocational Guidance and Counseling [EB/OL]. http://www. dtet. gov. lk/web/index. php? option = com _ content&view = article&id = 103&Itemid=13&lang=en.2017-04-27.

③ State Ministry of Youth Affairs.Statistics: Youth Unemployment Rate [EB/OL]. http://www.youthmin.gov.lk/web/images/statistics/population.pdf.2017-05-31.

景下,就业指导与咨询服务显得尤为重要。然而,斯里兰卡的就业指导与咨询服务状况却不容乐观。一方面,斯里兰卡目前尚未在各个区域设立专门的就业指导与咨询服务机构。机构设置的缺位必然带来相关职能的缺失,不仅导致职业教育系统和用人单位系统之间的联络与沟通渠道不畅,而且难以准确把握劳动力市场上人力资源的供给与需求形势。另一方面,斯里兰卡目前尚未建立全面的就业信息网络服务系统和高效的网上就业信息服务平台,由此导致无法有效利用现代信息技术统筹毕业生的就业服务工作,劳动力就业市场上的信息不对称现象频发,人力资源浪费问题凸显,青年就业压力难以得到缓解,进而妨碍了职业教育系统的稳定发展。

表 4-4　斯里兰卡职业教育机构毕业生数量

单位:人

机构类型	性别	2011	2012	2013	2014	2015
公立机构	男	——	45058	48152	60324	48664
	女	——	34178	36614	41833	35888
	总	——	79236	84766	102157	84552
私立机构	男	18586	12304	11181	15422	15763
	女	13450	14045	11281	13101	15138
	总	32036	26349	22462	28523	30901

资料来源:LMIS.Supply of Labor:Recruitments& Competitions in Training Institutions by Sector[EB/OL].http://www.tvec.gov.lk/lmi/labour_market_vocational_training. 2017-04-29.

第三节　斯里兰卡职业教育系统的外部挑战

对斯里兰卡职业教育系统的外部挑战的研究是从劳动力供求的视角,考察斯里兰卡职业教育系统的劳动力供给与社会经济系统的劳动力需求之间的匹配程度。究其原因,劳动力供求状况是反映一国社会经济系统人才需求与职业教育系统人才供给之间关系的"晴雨表"。通过分析劳动力供求状况,我们可以细致地了解斯里兰卡职业教育系统与社会经济系统在劳动力供求总量、高技能劳动力供求、三次产业劳动力供求等方面的状况。斯里兰卡的劳动力需求数据主要来自《星期日观察者》(Sunday Observer)和《希鲁米纳》(Silumina)这两份发布工作招聘信息的权威报纸。此外,还有部分劳动力需求数据来自政府公报(Government Gazette)。数据的搜集、整理和统计均由斯里兰卡高等与职业教育委员会完成,具有较高的可信度。

一、劳动力供求总量的不匹配

1. 斯里兰卡劳动力需求的总体状况

劳动力需求是某一特定时期内,劳动力需求方在某种工资率之下愿意并能够雇佣的劳动力数量。它由劳动力需求方的雇佣意愿和支付能力共同决定,二者缺一不可。影响劳动力需求的因素可分为宏观因素和微观因素两类。其中,宏观因素包括社会生产规模、经济体制、产业结构、科技水平等;微观因素包括企业生产规模、企业技术水平和管理水平、企业利润等。斯里兰卡的劳动力需求方大致分为政府(Government)、半官方机构(Semi-Government)、私营部门(Private)和非政府组织(NGO)四个大类。2012—2016 年,斯里兰卡的劳动力需求总量呈逐年下降的趋势,目前维持在每年 8 万人左右,其中私营部门的劳动力需求量最大,占到劳动力需求总量的 95％以上。(见表 4-5 和图 4-1)究其原因,乃是受经济体制和产业结构等宏观因素的影响,斯里兰卡的中小型企业(Small and Medium Enterprises,SMEs)数量庞大,它们皆属于私营部门的范畴。[1]从微观层面来看,这些企业的生产规模较小、技术水平和管理水平较差、企业利润较低,由此导致它们的抗风险能力较弱,对劳动力的雇佣意愿和支付能力非常不理想。那么,斯里兰卡的劳动力需求呈逐年下降的趋势也就不足为奇了。

---

① Santosh・M.Technical and Vocational Education in Asia：What can South Asia Learn from East/South East Asia? ［J］.Ind.J.Labor Econ,2016,59.

表 4-5　2012—2016 年斯里兰卡劳动力需求总体状况

单位：人

劳动力需求方	2012 年	2013 年	2014 年	2015 年	2016 年
政府	688	929	708	602	543
半官方机构	956	924	814	699	950
私营部门	135002	105453	89626	79660	72555
非政府组织	348	392	282	408	197
合计	136994	107698	91430	81369	74245

资料来源：TVEC.Job Demand-Table1[EB/OL].http://www.tvec.gov.lk/？page_id＝3696.2017-05-12.

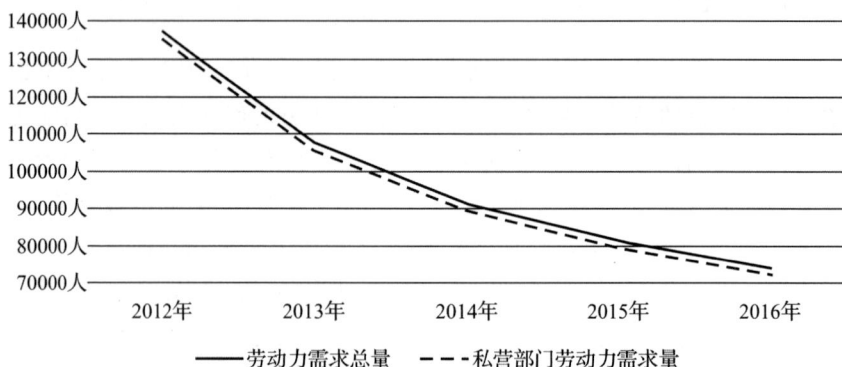

图 4-1　2012—2016 年斯里兰卡劳动力需求变化趋势图

2. 斯里兰卡职业教育系统劳动力供给的总体状况

2012—2016 年，斯里兰卡职业教育系统的劳动力供给总量维持在每年 10 万人以上，其中公立职业教育机构的劳动力供给数量约为私立职业教育机构的 3 倍。（见表 4-6 和图 4-2）斯里兰卡的公立和私立职业教育机构必须在高等与职业教育委员会注册，经过认证之后方能开展职业教育活动。其中，比较重要的几类公立职业教育机构如下：技术教育与培训部门（Department of Technical Education and Training，DTET）、国家学徒与工业培训局（National Apprenticeship and Industrial Training Authority，NAITA）、职业培训局（Vocational Training Authority，VTA）、职业技术大学（University of Vocational Technology，UVT）。从这些机构的名称可以看出，它们的职能定位各不相同，在职业教育系统中扮演着不同的角色。近些年来,虽然斯里兰卡的私立职业教育机构发展速度较快,但是就综合实力、教育规模和教育质量而言,仍然无法与公立职业教育机构抗衡。[①]

表 4-6　2012—2016 年斯里兰卡职业教育系统劳动力供给总体状况

单位:人

职业教育机构类型	劳动力供给数量				
	2012 年	2013 年	2014 年	2015 年	2016 年
公立职业教育机构	79236	84766	102157	84552	91796
私立职业教育机构	26349	22462	28523	30901	36836
总计	105585	107228	130680	115453	128632

资料来源:TVEC. Supply of Labour-Section1[EB/OL].http://www.tvec.gov.lk/?page_id=3424.2017-06-09.

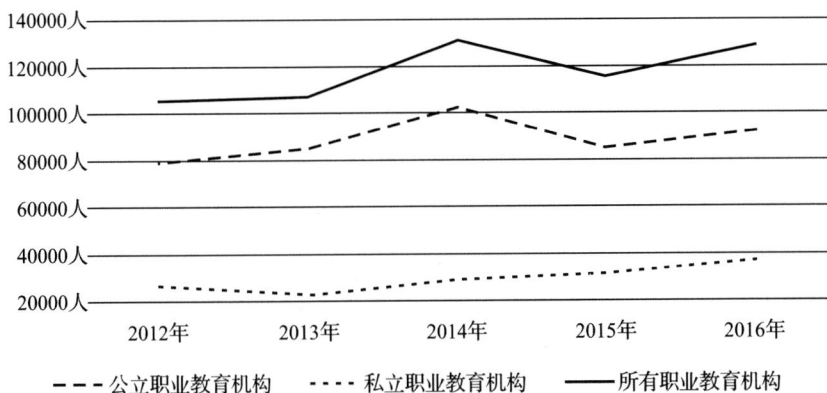

图 4-2　2012—2016 年斯里兰卡职业教育系统劳动力供给变化趋势图

通过分析斯里兰卡劳动力需求的总体状况与职业教育系统劳动力供给的总体状况,我们发现两者存在劳动力供求总量上的不匹配现象。2012—2016 年这 5 年间,斯里兰卡的劳动力需求总量在逐年下降,至2016 年已降至 8 万人以下;而斯里兰卡职业教育系统的劳动力供给数量仍维持在每年 10 万人以上。由此可见,斯里兰卡职业教育系统的劳动力

---

① 　B.Panth, R.b.Caoli-Rodriguez.Competence-based Training in South Asia[M]. Berlin:Springer International Publishing,2017:455-456.

供给总量远远超过社会经济系统对劳动力的实际需求总量。从社会经济系统的视角来看,经济的不景气是导致劳动力需求降低的直接原因;而从职业教育系统的视角来看,这一状况则是由斯里兰卡职业教育系统的管理模式相对落后造成的。具体而言,一是高等与职业教育委员会尚未建立适切的信息管理系统(Management Information System,MIS),招生和就业等重要信息的搜集、整理和分析相对滞后,难以为人才培养规模、专业设置等职业教育重大发展决策的制定提供准确可靠的依据,面对社会经济系统的快速变化,职业教育系统无法做出适时、恰当的调整。① 二是单个的职业教育机构战略规划能力较差,尚未形成符合机构自身职能特点的管理模式,对组织自身的发展目标和定位、外界环境中的机遇和风险等认识不到位,由此导致职业教育机构的资源获取能力极其有限,难以根据社会经济系统对人才需求的变化做出及时调整。

二、高技能劳动力供求的不匹配

1. 斯里兰卡的劳动力需求分析:技能水平的维度

技能水平视域下的劳动力需求分析,是借助职业分类考察不同技能水平的职业对劳动力的需求。我们采用国际劳工组织(ILO)制定的"国际标准职业分类"(ISCO88)对斯里兰卡的劳动力需求进行分析,该标准提供了一个包括全部从业人员在内的系统化分类结构,共包含 10 个大类。其中,10 个职业大类按照技能水平(Skill Level)又可划分为 4 个等级,从 1 到 4 技能水平逐渐升高。(见表 4-7)

表 4-7　国际标准职业分类(ISCO88)的职业大类及其技能水平

序号	国际标准职业分类的职业大类	技能水平
1	立法者、高级官员和管理者	3+4
2	专业人员	4
3	技术人员和专业人员助理	3

① TVEC.Tertiary and Vocational Education Policy［EB/OL］.http://www.tvec.gov.lk/English/pdf/TVET_Policy_2016.pdf.2017-05-31.

续表

序号	国际标准职业分类的职业大类	技能水平
4	一般职员	
5	服务人员、商店和超市的销售人员	
6	熟练的农业和渔业工人	2
7	工艺和相关行业的工人	
8	工厂及机器操作员和装配员	
9	初级职员（非技术工人）	1
10	军人	1＋2＋4

资料来源：ILO.ISCO88-Designand Structure［EB/OL］.http://www.ilo.org/public/english/bureau/stat/isco/isco88/index.htm.2017-06-21.

2016 年,斯里兰卡对第 2 级技能水平的劳动力需求数量最大,占比超过 50.4％;对第 3、4 级技能水平的劳动力需求量也较大,占比超过 36.6％。（见表 4-8）

表 4-8　职业分类维度下的斯里兰卡劳动力需求（2016 年）

序号	职业类别	数量	百分比
1	技术人员和专业人员助理	15114 人	20.4％
2	服务人员、商店和超市的销售人员	11161 人	15.0％
3	工艺和相关行业的工人	10157 人	13.7％
4	初级职员（非技术工人）	9698 人	13.1％
5	一般职员	8361 人	11.3％
6	专业人员	8086 人	10.9％
7	工厂及机器操作员和装配员	7034 人	9.5％
8	立法者、高级官员和管理者	3966 人	5.3％
9	熟练的农业和渔业工人	660 人	0.9％
10	军人	8 人	0.0％
	总计	74245 人	100％

资料来源：TVEC.Job Demand-Table［EB/OL］.http://www.tvec.gov.lk/? page_id＝3696.2017-06-21.

2. 斯里兰卡职业教育系统的劳动力供给:国家职业资格的维度

如前所述,国家职业资格(National Vocational Qualification,NVQ)是统筹斯里兰卡职业教育系统发展的核心要素,其存在已达 15 年。国家职业资格共包含 7 个层级,其中:技术教育与培训部门(28 所技术学院)、国家学徒与工业培训局、职业培训局、国家青年服务署能够颁发 1~4 级职业资格证书(National Certificate),技术教育与培训部门(9 所科技学院)能够颁发 5~6 级学历证书(National Diploma),职业技术大学能够颁发 7 级学士学位证书(Bachelor's Degree)。时至今日,是否拥有国家职业资格证书已成为衡量斯里兰卡劳动力质量高低的关键标准。2012—2016年,斯里兰卡获得国家职业资格证书的劳动力数量逐年递增,现已接近每年 5 万人。(见表 4-9 和图 4-3)其中,公立职业教育机构颁发的国家职业资格证书数量约为私立职业教育机构的 2 倍。需要注意的是,2016 年私立职业教育机构颁发的国家职业资格证书数量锐减,这是由于高等与职业教育委员会加大了对私立职业教育机构教育质量的监管力度,对相关考核环节严格把关所造成的。

表 4-9　2012—2016 年斯里兰卡职业教育机构颁发国家职业资格证书总体状况

职业教育机构类型	颁发国家职业资格证书数量				
	2012 年	2013 年	2014 年	2015 年	2016 年
技术教育与培训部门	1279	2614	3148	4171	4169
国家学徒与工业培训局	3602	4958	5436	11787	11182
职业培训局	5622	4643	6101	10484	17517
国家青年服务署	379	599	616	1244	1957
私立职业教育机构	3608	5596	9296	16462	12192
总计	14490	18410	24597	44148	47017

资料来源:TVEC. Supply of Labour-Section3〔EB/OL〕. http://www.tvec.gov.lk/?page_id=3424.2017-08-09.

注:斯里兰卡并未统计职业技术大学所颁发的 7 级学士学位证书的数量,但从其每年的毕业生规模可以推断出:职业技术大学颁发的证书数量较少,每年维持在 500以下,这对本研究的结果分析并不产生影响。

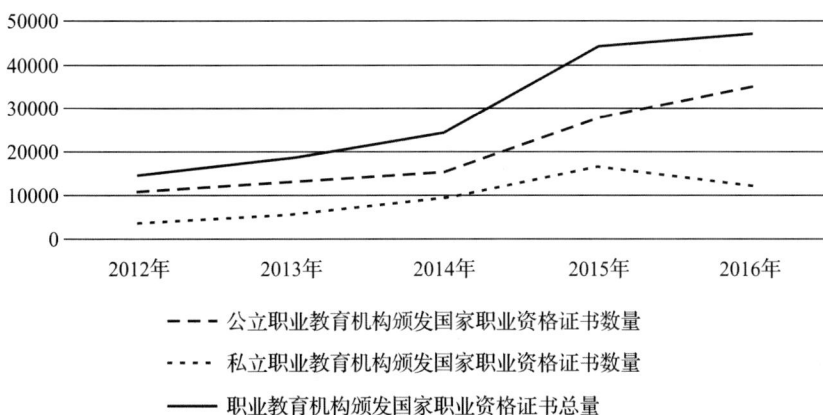

图 4-3　2012—2016 年斯里兰卡职业教育机构颁发国家职业资格证书数量变化

　　通过分析不同技能水平的劳动力需求量与获得不同层级国家职业资格证书的劳动力数量,我们发现斯里兰卡存在高技能劳动力供求的不匹配现象。2016 年,斯里兰卡对第 3、4 级技能水平劳动力的需求占比超过36.6%,数量超过 27000 人。第 3、4 级技能水平的劳动力大致对应于获得 4~7 级国家职业资格证书者,而据乐观估计,2016 年这部分劳动者的总量不会超过 15000 人,甚至在 10000 人以下。① 由此可见,职业教育系统的高技能劳动力供给量难以满足社会经济发展的实际需求量。究其原因,是由国家职业资格框架的"水土不服"造成的。斯里兰卡国家职业资格框架的层级设置和实施细则大量吸收和借鉴了新西兰国家资格框架的内容。其存在虽已长达 15 年,但仍在资格解读、标准兼容、证书衔接等方面存在诸多不适应的问题,这些问题的存在影响了斯里兰卡职业教育系统对高技能劳动力的培养,继而出现了高技能劳动力的供不应求现象。②

---

　　① 关于获得不同层级国家职业资格证书者的数量,斯里兰卡官方并未进行专门统计,这里只能粗略估算。笔者通过对高等与职业教育委员会常务副主任 T. Senthuran 的访谈得知,目前获得 4~7 级国家职业资格证书的比例约占 3 成。

　　② B.Panth,R.b.Caoli-Rodriguez.Competence-based Training in South Asia[M]. Berlin:Springer International Publishing,2017:455-456.

三、三次产业劳动力供求的不匹配

1. 斯里兰卡的劳动力需求分析:产业分类的维度

产业分类视域下的劳动力需求分析,是考察不同产业类别所涉及的职业对劳动力的需求量。我们采用联合国统计委员会(UNSD)制定的"国际标准产业分类"(ISIC Revision3.0)对斯里兰卡的劳动力需求进行分析,该标准根据所有实体单位所从事的经济活动进行分类,是世界公认的对经济活动唯一充分可行的分类标准,共包含 17 个产业大类,分别为:A——农业、狩猎和林业(Agriculture, Hunting & Forestry);B——渔业(Fishing);C——采矿和采石业(Mining & Quarrying);D——制造业(Manufacturing);E——电、气和水供应业(Electricity, Gas Steam & Hot Water Supply);F——建筑业(Construction);G——批发、零售,汽车、摩托车、个人和家用产品修理(Wholesale & Retail Trade;Repair of Motor Vehicles,Motorcycles & Personal & Household Goods);H——餐馆和旅馆业(Hotels and Restaurants);I——运输、储存和通讯业(Transport,Storage & Communication);J——金融中介(Financial Intermediation);K——房地产、租赁和商务活动(Real Estate,Renting & Business Activities);L——政府管理、国防和义务的社会保障(Public Administration,Defense & Compulsory Social Security);M——教育(Education);N——健康和社会服务业(Health & Social Work);O——其他社区、社会和个人服务活动(Other Community,Social & Personal Service Activities);P——私人家庭雇工相关产业(Private Households with Employed Persons);Q——国外机构和团体(Extra-Territorial Organizations & Bodies)。[①] 其中,A~B、C~F、G~Q 分别属于第一、二、三产业的范畴。2016 年,斯里兰卡第一产业所涉及职业对劳动力的需求量为1281人,所占比例为 1.7%;第二产业所涉及职业对劳动力的需求量为 17756人,所占比例为 23.9%;第三产业所涉及职业对劳动力

---

① International Trade Centre.Investment Map-Industry classification[EB/OL]. https://www.investmentmap.org/industry_classification.aspx.2017-11-09.

的需求量为 50463 人,所占比例为 68.0％。(见表 4-10)

表 4-10 产业分类维度下的斯里兰卡劳动力需求(2016 年)

产业类别	数量	百分比
K——房地产、租赁和商务活动	15110 人	20.4％
H——餐馆和旅馆业	12181 人	16.4％
F——建筑业	9868 人	13.3％
D——制造业	7747 人	10.4％
G——批发、零售,汽车、摩托车、个人和家用产品修理	7253 人	9.8％
P——私人家庭雇工相关产业	5239 人	7.1％
M——教育	4399 人	5.9％
N——健康和社会服务业	2066 人	2.8％
I——运输、储存和通讯业	1358 人	1.8％
A——农业、狩猎和林业	1225 人	1.6％
J——金融中介	1137 人	1.5％
O——其他社区、社会和个人服务活动	1131 人	1.5％
L——政府管理、国防和义务的社会保障	497 人	0.7％
E——电、气和水供应业	101 人	0.1％
Q——国外机构和团体	92 人	0.1％
B——渔业	56 人	0.1％
C——采矿和采石业	40 人	0.1％
其他	4745 人	6.4％
总计	74245 人	100％

资料来源:TVEC.Job Demand-Table5[EB/OL].http://www.tvec.gov.lk/? page_id ＝3696.2017-08-29.

2. 斯里兰卡职业教育系统的劳动力供给:专业设置的维度

2016 年,斯里兰卡第一产业相关专业劳动力供给数量为 3718 人,所占比例为 2.9％;第二产业相关专业劳动力供给数量为 51445 人,所占比例为 40.0％;第三产业相关专业劳动力供给数量为 68497 人,所占比例为 53.3％。(见表 4-11)

表 4-11　专业分类维度下斯里兰卡职业教育系统的劳动力供给 (2016 年)

单位:人

专业类别		劳动力供给数量		百分比
第一产业相关专业	农业和畜牧	3541 人	3718 人	2.9%
	水产养殖	177 人		
第二产业相关专业	建筑	20405 人	51445 人	40.0%
	纺织	6819 人		
	电子电气	5551 人		
	汽车维修	5215 人		
	金属和照明工程	3153 人		
	重工操作	2017 人		
	海洋和航海科学	1871 人		
	空调制冷	1553 人		
	食品工艺	1348 人		
	木材(相关)	1285 人		
	印刷包装	893 人		
	皮革和制鞋	782 人		
	航空	390 人		
	机电一体化技术	159 人		
	橡胶和塑料	4		
第三产业相关专业	信息通讯和多媒体技术	25866 人	68497 人	53.3%
	个人和社区发展	17523 人		
	语言	9384 人		
	财务管理	4052 人		
	旅馆和旅游	3760 人		
	传媒艺术设计	2983 人		
	行政管理	1372 人		
	医学和健康科学	1230 人		
	人力资源管理	1018 人		
	珠宝	973 人		
	师资培训	336 人		
其他		4972 人	4972 人	3.8%
总计		128632 人	128632 人	100%

资料来源:TVEC.Supply of Labour-Section1[EB/OL].http://www.tvec.gov.lk/?page_id=3424.2017-09-10.

　　通过分析斯里兰卡三次产业的劳动力需求量与职业教育系统三次产业对应专业的劳动力供给量,我们发现其存在三次产业劳动力供求的不匹配现象。2016 年,斯里兰卡第一、二、三产业所涉及职业对劳动力的需求所占比例分别为:1.7%、23.9%、68.0%;而斯里兰卡第一、二、三产业对应专业的劳动力供给量所占比例分别为 2.9%、40.0%、53.3%。此外,世界银行(World Bank)的统计数据显示,2016 年斯里兰卡第一、二、三产业就业人数占就业总人数的百分比分别为 27.5%、25.5%、47.0%。[①] 由此可见,三次产业的实际就业人数与三次产业的劳动力供求之间也存在着明显的不匹配现象。究其原因,是因为连接职业教育系统与行业产业的机构设置不足,导致产教融合制度不健全、校企合作机制不完善,并通过三次产业劳动力供求与三次产业就业比例的不匹配现象反映出来。

第四节　斯里兰卡职业教育系统的发展趋势

　　在新的发展形势下,斯里兰卡的职业教育系统具有良好的发展前景,尤其是职业教育质量、职业教育机构设置、职业教育系统人才供给和国家职业资格框架四个方面所表现出的发展趋势值得持续关注。

一、职业教育的质量提升将备受关注

　　质量提升是一个永恒的话题。对于斯里兰卡而言,提升职业教育质量是合理应对挑战的必然选择。各利益相关方对职业教育质量的关注必将与日俱增。围绕该议题,斯里兰卡的职业教育质量提升将从三个方面展开。首先,通过倒逼基础教育系统的变革来提升质量。国际劳工组织(ILO)通过在斯里兰卡的近期调查发现,斯里兰卡的基础教育系统在认知技能的培养方面存在缺陷,毕业生的言语表达、抽象思维和分析问题等

---

　　① 　World Bank. Indicators[EB/OL]. https://data. worldbank. org. cn/indicator. 2018-01-19.

能力不容乐观。① 这给职业教育系统的人才培养带来重重困难,严重影响了技术技能人才培养的质量。今后,斯里兰卡将以全盘的人才培养理念和整体的教育质量观统筹基础教育系统和职业教育系统的协调发展,通过倒逼机制迫使普通教育系统做出适当调整。其次,通过完善课程评价体系实现质量提升。课程评价体系是国家职业资格框架的重要组成部分。在诸多评价方式中,形成性评价的地位将更加凸显。按照高等与职业教育委员会的要求,形成性评价将更加规范,每名学习者都将持有《形成性考评记录册》,以便时刻监控其能力发展状况。教师则需要根据学习者的能力发展状况提供反馈意见和改进建议。再次,通过建立质量管理系统实现质量提升。按照高等与职业教育委员会的规定,斯里兰卡所有的职业教育机构最晚在 2018 年都要建立质量管理系统。质量管理系统将包括严格的问责机制,学生及格率低于 80% 的机构将直面高等与职业教育委员会的讯问,并向其陈述问题产生的原因以及解决问题的策略。② 信息管理系统是质量管理系统的重要组成部分,高等与职业教育委员会将信息管理系统的建立与维护作为今后工作的重点,并将其写入《高等与职业教育政策》(Tertiary and Vocational Education Policy)之中。按照该政策的规定,高等与职业教育委员会将对重要信息进行分类,以便有效开发与职业教育系统发展密切相关的各类信息资源,提高信息的利用效率,最大限度地实现信息的效用和价值。此外,高等与职业教育委员会还将制订重要信息的报送指南,明确信息报送的时限,通过加强信息管理的规范性和时效性为质量管理系统提供有效支撑。

二、连接不同利益相关者的新型机构将不断涌现

职业教育系统涉及的利益相关者类别较多,随着外部环境的变化,不同利益相关者将不断产生大量新的需求,为了满足这些需求并适应环境的改变,连接不同利益相关者的新型机构将不断涌现。以职业教育系统

---

① ILO. Sri Lanka〔EB/OL〕. http://www. ilo. org/gateway/faces/home/ctryHome? locale=EN&countryCode=LKA&_adf.ctrl-state=v0czu51sd_9.2017-05-31.

② TVEC. Tertiary and Vocational Education Policy〔EB/OL〕. http://www.tvec.gov.lk/English/pdf/TVET_Policy_2016. pdf.2017-05-31.

的直接利益相关者——用人单位和雇主——为例,能力标准的制定、课程体系的开发、在职培训的开展、考评系统的设计以及就业事宜的磋商等都需要用人单位和雇主的参与,由此职业教育系统与用人单位系统之间的联络应该具有系统性和延展性。在此背景下,连接职业教育系统与用人单位系统的新型机构数量将不断增加。同业公会(Trade Councils)曾是连接两个系统的机构,但鉴于其非正式组织的地位,产生的实际效果并不理想。在技能发展与职业培训部的统筹之下,少数几个行业部门分别建立了行业技能协会。行业技能协会具有明确的发展目标,计划同高等与职业教育委员会、国家学徒与工业培训局展开密切合作。目前,此类协会仅有 4 个,这与斯里兰卡数量庞大的行业门类极不相符。为了保障多方利益并促进不同系统之间的协调发展,行业技能协会的数量将不断增加,尤其是在制造业与轻工业(Manufacturing and Light Industry)、信息通讯技术(ICT)、车辆工程(Automobile Engineering)、酒店业(Hospitality)、纺织服装(Textiles and Apparel)和食品产业(Food Industry)等多个领域,预计将涌现出大批行业技能协会。① 在职业教育机构毕业生就业的专业领域方面,规模较大的 7 个领域为:信息通讯与多媒体技术(Information Communication and Multimedia Technology)、个人与社区发展(Personal and Community Development)、建筑与施工(Building and Construction)、汽车维修与保养(Automobile Repair and Maintenance)、语言(Language)、医药与卫生科学(Medical and Health Science)和人力资源管理(Human Resource Management)。② 如前文所述,职业教育系统的就业指导与咨询服务偏薄弱,并导致职业教育系统与用人单位系统的沟通不畅,为了缓解劳动力市场上的就业压力并减少人力资源的浪费,在不久的将来,斯里兰卡将围绕上述几个专业领域的人才供给,设立专门的就业指导与咨询服务机构。

① TVEC. Tertiary and Vocational Education Policy [EB/OL]. http://www.tvec.gov.lk/English/pdf/TVET_Policy_2016.pdf.2017-05-31.
② LMIS. Supply of Labor: Training Performance of TVEC Registered Training Institutions [EB/OL]. http://www.tvec.gov.lk/lmi/labour_market_vocational_training.php#Section1.2017-09-28.

三、人才供给与外部系统的匹配程度将日趋合理

斯里兰卡职业教育系统的人才供给与外部系统的人才需求之间的匹配程度将日趋合理。一方面,服务业对技术技能人才的需求不断增加。目前,斯里兰卡的职业教育系统主要为农业和工业输送技术技能人才。随着产业结构的转型升级,斯里兰卡的服务业迅速发展。2013 年以来,服务业增加值(占 GDP 比重)达到了 60% 以上,服务业领域的工作岗位不断涌现,其对技术技能人才的需求量也在不断增加。[①] 因此,职业教育系统将通过更新专业与课程、改革人才培养模式等途径为服务业输送大量人才,以满足服务业对技术技能人才的需求。另一方面,私营部门对技术技能人才的需求也在不断增加。目前,斯里兰卡的私营部门正在崛起,其被称为促进经济增长和推动社会发展的新引擎。在不久的将来,私营部门将成为职业教育系统毕业生的主要吸纳者。因此,职业教育系统已经开始关注私营部门对技术技能人才类型和能力的要求,计划在相对宽泛的任务环境下培养具有复合能力的"知识工人"(Knowledge Workers),以满足知识经济时代对劳动力提出的新要求。[②]

四、国家职业资格框架将持续优化

国家职业资格框架的持续优化必须考虑斯里兰卡的国情和文化,最大限度地将异国文化融入本国国情和本土文化之中,在此基础上方能使国家职业资格框架的功能得到充分发挥。如前所述,斯里兰卡国家职业资格框架衔接了 1～4 级的职业资格证书和 5～7 级的学历、学位证书,不同证书之间的衔接通过学分转换和累积系统实现。为了使沿袭自欧洲的学分转换和累积系统有效对接国家职业资格框架,斯里兰卡已开始尝试通过"求同存异"的文化融合方式对国家职业资格框架进行优化,在借鉴国外先进理念与模式的同时,兼顾本国人才培养的实际情况,对学分对应

① World Bank.Data Bank [EB/OL]. http://data. worldbank. org. cn/indicator/NV.SRV.TETC.ZS? locations=LK&view=chart.2017-05-31.

② S.Majumdar,(ed.).Emerging Challenges and Trends in TVET in the Asia-Pacific Region[M].Rotterdam:Sense Publishers.2011:213-218.

的学习时间、在职培训的学分换算、各个层级的学分设置、不同层级间的学分配比等进行细致的调查和研究,使不同层级证书之间的衔接更加有序,人才向上流动的渠道更加多元,高技能劳动力培养的制度环境更加优化。

结 ● 语

近年来,南亚各国越来越重视职业教育,并将发展职业教育作为提升人力资源水平的重要策略。但由于受到整体经济发展水平的限制,各国的职业教育发展依然面临着许多共性问题。此外,越来越多的中资企业进入"一带一路"沿线南亚国家,对职业教育的需求也在不断增加,中国与南亚各国在职业教育领域的合作也将持续受到多方关注。

一、南亚国家职业教育系统的共性问题

南亚国家的职业教育在发展中存在一些共性问题,并集中体现在职业教育地位相对较低、职业教育经费投入不足、职业教育质量有待提升和职业教育管理亟须改进四个方面。

1. 职业教育地位相对较低

南亚国家(斯里兰卡除外)的义务教育(8 年)早期发展阶段普及率较低,这导致大约有 2.38 亿(所占比例约为 49%)的劳动力只具有小学及以下的文化水平,其中包括了较大比例的文盲。而在南亚国家,完成 8 年义务教育通常是接受正规职业教育的基本前提之一。① 上述状况造成"一带一路"沿线南亚国家职业教育发展的"两难"格局:一方面,受亚洲"劳心者治人,劳力者治于人"等传统文化的影响,能够接受正规职业教育的学生并不专注于获得职业技能,他们倾向于在政府部门工作或成为"白领";另一方面,对正规职业教育有真正需求的学生,却因未能完成 8 年义务教育而无法获得接受正规职业教育的机会,这些学生主要包括贫困地

---

① Mehrotra. India's Skills Challenge:Reforming Vocational Education and Training to Harness the Demographic Dividend[M].Oxford:Oxford University Press,2014:123-126.

区群体、农村地区群体和女性适龄群体。"两难"格局导致职业教育的社会功能和个体功能难以充分发挥,不仅影响了社会公平与平等的实现,而且难以为产业发展和转型升级提供有效的人力资源支撑。

2. 职业教育经费投入不足

南亚国家的经济发展水平相对落后。2017 年,我国的人均 GDP 超过了 8800 美元,而印度、尼泊尔、孟加拉国和斯里兰卡的人均 GDP 分别为 1940 美元、835 美元、1517 美元和 4065 美元,不仅远远落后于我国,而且除了斯里兰卡外,也难以与泰国(6336 美元)、菲律宾(3022 美元)和印度尼西亚(3858 美元)等一些东南亚国家相匹敌。经济发展水平的相对落后导致南亚国家用于发展教育事业的经费相对欠缺,加之职业教育在整个教育体系中处于相对弱势的地位,用于发展职业教育的经费更是"捉襟见肘"。其中,就孟加拉国而言,用于发展职业教育的经费支出仅占教育总支出的 1.5%~2.5%;就尼泊尔而言,用于发展职业教育的经费仅占教育总预算的 1.2% 和政府总预算的 0.2%;就印度和斯里兰卡而言,虽然未能找到用于发展职业教育的经费的官方统计数据,但是据相关专家学者估计,其所占份额也不容乐观。[①]

3. 职业教育质量有待提升

职业教育质量偏低是南亚国家存在的共性问题之一,问题的根源在于职业教育师资的质量不佳,而这又是由职业教育师资培训存在缺陷、职业教育师资的选拔和任用存在弊端造成的。具体而言,由于缺少职业教育师资发展的正式文件和指导方案,职业教育领域的教师通常只能接受十分有限的教育理念和教学方法培训,遑论"基于能力本位"等先进教学法的培训,由此造成职教师资教育理念和教学方法的更新相对滞后。此外,职业教育领域的教师缺乏实践技能,而企业实践经历也不是成为职业教育机构教师的一项必要条件。[②] 目前,印度和斯里兰卡已经建立了相

---

① Santosh.Technical and Vocational Education in Asia:What can South Asia Learn from East/South East Asia? [J].Ind. J. Labor Econ,2016,59.

② Mehrotra. India's Skills Challenge:Reforming Vocational Education and Training to Harness the Demographic Dividend[M].Oxford:Oxford University Press,2014:123-126.

对完善的国家职业资格框架,按照国家职业资格框架的设置和要求,针对职业教育师资的基于能力本位的培训将持续开展和推进。这意味着在不久的将来,这两个国家的职业教育师资质量将得到一定程度的提升。

4. 职业教育管理亟需改进

南亚国家的职业教育管理水平亟需提升。一方面,就职业教育管理机构而言,职业教育发展政策制定的科学性、职业教育政策出台程序的正义性有待加强,对于职业教育师资队伍建设、职业教育财政拨款等关键议题,职业教育相关政策的针对性也有待加强。另一方面,职业教育管理机构与产业、人力资源管理部门的联络与沟通机制有待完善。南亚各国都意识到了劳动力市场信息系统的重要性,但是系统在基本设置和运行机制等方面的建设进度却十分缓慢。目前,印度、斯里兰卡和孟加拉国等国已成立了国家技能开发部门、行业技能协会,以此作为连接职业教育系统和社会经济系统的机构,并进一步探索不同管理部门之间的协调机制。

二、中国与南亚国家职业教育合作的建议

1. 积极开展国际合作,推介中国职业教育发展的成功模式与经验

南亚各国职业教育普遍存在人才培养与市场需求脱节、学生技能训练有效性较低等问题。在提高人才培养的市场针对性、提高实践教学有效性方面,我国可以向南亚相关国家推广职业教育发展的相关经验,合理推介中国职业教育校企合作经验。我国职业教育校企合作已较为成熟,受到发展中国家的广泛认可,职业院校可以通过境外办学或指导的方式将校企合作内容、形式、人才培养模式及体制机制等经验与模式向南亚国家推介,精准开展境外办学。境外办学是输出职业经验与模式最有效的方式之一,同时也是直接培养人才,提高人才培养相关性的最佳方式,如青岛电子学校结合尼泊尔电子电气的发展需求,将在尼泊尔建立分校,宁波职业技术学院与斯里兰卡职业技术大学合作建立中斯丝路工匠学院,这些探索将有效推介中国职业教育发展的经验。值得注意的是,境外办学一定要"走得稳"与"留得住",需遵循适应性、有效性与融合性原则:准

确把握境外办学定位,并开设与当地经济社会文化发展需求相适应的专业,提高适应性;积极组织或者委托第三方对境外办学水平和教育质量进行评估,提高办学的有效性。

2. 与已在南亚地区开展业务的中资企业合作,提升当地技术技能人才的培养质量

目前,已有大量的中资企业在南亚地区投资,且投资数量和规模在不断增大。但对孟加拉国、斯里兰卡的中资企业进行调研时发现,企业发展急需大量的技术技能人才,而当地工人的技能水平较低,难以满足生产需求。企业不得不从国内派遣工人赴当地生产,这就大大增加了企业的生产成本。从节约用工成本角度看,中资企业需要技术技能水平较高、懂得中国企业管理的当地技术工人,但当地职业院校由于受师资、设备等条件限制,难以培养出中资企业需要的人才。我国职业院校可以与已经在南亚国家开展业务的中资企业合作,共同培养中资企业在当地发展所需要的技术技能人才,根据中资企业在南亚发展的需求开展相应的业务指导和培训,为其提供人才储备和支撑。

3. 积极开展中国和南亚国家职业教育体系比较研究,推动国际职业教育体系和资格互认

体系和资格互认是国际职业教育有效交流的重要前提。南亚国家认同中国职业教育发展的成就,对派遣留学生、开展教师交流等合作的意愿强烈。但由于国际职业教育体系存在着一定的差异,在资格互认方面还面临着诸多问题。如在孟加拉国职业教育体系中,学生在修完 10 年级的课程之后进入职业技术学院(polytechnic)进行为期 4 年的文凭(Diploma)课程阶段学习,学业结束后获得工程文凭(Diploma-in-Engineering),获得毕业文凭时的累积受教育时间为 14 年。而在我国的职业教育体系中,学生在 12 年级(高中毕业)后进入职业技术学院学习,获得毕业文凭时的累积受教育年限为 15 年,双方文凭获得者受教育年限不对等。目前,来中国的孟加拉国留学生是在该国职业技术学院学习完 2 年后的学生(即累积受教育 12 年),他们首先接受 1 年的语言培训,第二年进入专业学习阶段,再学习 2 年,在中国累积学习 3 年后获得专科毕业文凭。关于这些学生学习结束回国后文凭如何认证,孟加拉国尚未出

台相应的管理办法,双方需要探讨学历互认的有效机制。类似问题在中国与南亚其他国家之间同样存在。因此,当前我们应加强国家之间职业教育资格体系、职业教育专业和课程体系的对等研究,推动国际间职业教育资格互认。

后 记

发展中国家职业教育研究院于 2013 年成立,恰逢"一带一路"倡议刚刚提出。与广大发展中国家特别是"一带一路"沿线国家开展职业教育合作,是中国职业教育"走出去"的必然趋势。是时,国内关于发展中国家职业教育的研究少之又少。没有了解,谈何合作。于是研究院便决定做一些"笨活",静下心来坐"冷板凳",集中力量梳理和研究发展中国家职业教育体系的现状、问题、发展趋势和合作需求。研究院于 2016 年开始集中开展南亚国家职业教育研究,重点聚集代表性较强的印度、斯里兰卡、尼泊尔和孟加拉国四个国家,并于 2017 年、2018 年分别赴相关国家实地调研,形成专题研究报告。经过近三年的努力,本书终于得以正式出版。

本书的完成是团队合作的结果。引言由刘亚西、任君庆撰写,第一章印度职业教育由刘亚西、张彩娟撰写,第二章尼泊尔职业教育由张菊霞撰写,第三章孟加拉国职业教育由王琪、肖剑撰写,第四章斯里兰卡职业教育由张振撰写,结语由任君庆撰写。全书由任君庆、王琪负责框架设计并完成统稿工作。

本书出版得到多方的支持。感谢宁波职业技术学院学院领导为我们的研究提供良好的科研平台和条件保障,感谢外事、科研等部门为我们实地调研、课题研究推进提供的支持和帮助;感谢厦门大学出版社牛跃天编辑为本书出版付出的辛勤努力。

作为初次从事发展中国家职业教育研究的新手,我们的研究还存在着诸多问题,不足之处还请相关领域的专家学者批评指正。

作者
2018 年 11 月